U0961354

中山出版
ZHONGSHAN PUBLISHING
香山承文脉 好书读百年

家长这样教 宝宝更健康

·0～3岁早期家庭教育100问·

中山市妇女联合会
中山市家庭教育指导服务中心　编

SPM 南方传媒｜广东人民出版社
·广州·

图书在版编目（CIP）数据

家长这样教　宝宝更健康：0～3岁早期家庭教育100问 / 中山市妇女联合会，中山市家庭教育指导服务中心编. —广州：广东人民出版社，2023.4

ISBN 978-7-218-16535-6

Ⅰ. ①家…　Ⅱ. ①中…　②中…　Ⅲ. ①早期教育—家庭教育—通俗读物　Ⅳ. ①G781-49

中国国家版本馆CIP数据核字（2023）第070964号

JIAZHANG ZHEYANG JIAO BAOBAO GENG JIANKANG
——0~3 SUI ZAOQI JIATING JIAOYU 100 WEN

家长这样教　宝宝更健康
——0～3岁早期家庭教育100问

中山市妇女联合会　中山市家庭教育指导服务中心　编

出 版 人：肖风华

责任编辑：吴锐琼
装帧设计：陈宝玉
责任技编：吴彦斌　周星奎

统　　筹：广东人民出版社中山出版有限公司
执　　行：王　忠
地　　址：广东省中山市中山五路1号中山日报社8楼（邮政编码：528403）
电　　话：（0760）89882926　（0760）89882925

出版发行：广东人民出版社
地　　址：广东省广州市越秀区大沙头四马路10号（邮政编码：510199）
电　　话：（020）85716809（总编室）
传　　真：（020）83289585
网　　址：http://www.gdpph.com
印　　刷：广州市岭美文化科技有限公司
开　　本：787mm×1092mm　1/16
印　　张：10　　　**字　　数**：160千
版　　次：2023年4月第1版
印　　次：2023年4月第1次印刷
定　　价：56.00元

如发现印装质量问题影响阅读，请与出版社（0760-89882925）联系调换。
售书热线：（0760）88367862　邮购：（0760）89882925

序

一个人的人生起点在家庭，梦想启航的地方在家庭，生活成长也在家庭。习近平总书记指出，“家庭是社会的基本细胞，是人生的第一所学校。不论时代发生多大变化，不论生活格局发生多大变化，我们都要重视家庭建设，注重家庭、注重家教、注重家风”。家教家风关系孩子的健康成长，关系千千万万个家庭的幸福，关系国家的兴旺和中华民族的复兴。中山市是一座国家历史文化名城，名人辈出，具有良好的家教家风传承。进入新时代，中山市高度重视家庭教育工作，成立全国首个家庭教育事业单位——中山市家庭教育指导服务中心，并将“家庭教育”写入市政府工作报告，纳入中山市“十件民生实事”。

中山市妇联在推进家庭教育工作中抓早期、抓源头、抓基础，主动作为，为 0 ~ 3 岁儿童家长及照护人提供系统、全面的科学育儿知识，解决家长在早期教育中遇到的重点、难点、焦点问题。中山市家庭教育指导服务中心组织专家、顾问和学者编写《家长这样教 宝宝更健康——0 ~ 3 岁早期家庭教育 100 问》，该读本依据《中华人民共和国家庭教育促进法》及《全国家庭教育指导大纲（修订）》中 0 ~ 3 岁儿童家庭教育指导要点，遵循婴幼儿的成长特点和规律，尊重个体差异，促进婴幼儿在身体发育、动作、语言、认知、情感与社会性等方面的全面发展。读本分为生理养育、心理发展和家庭支持三个部分，以提出问题、分享案例、专家支招、核心提醒等形式，把知识普及与方法指导相结合，内容准确科学、简明扼要、指导性强，兼顾实用性与可读性，是广大父母特别是新手父母科学育儿的小贴士、好帮手。

儿童早期教育是孩子人生中成长教育的关键，将深刻影响孩子的一生。把握好这一最佳的“黄金时期”，采取正确的方法，促进孩子身、心、智的健康发育，关系到孩子未来成为什么样的人，关系到他能否成为有德、有情、有智、有礼的人才，为此，第一个教育者应该懂得早期儿童教养的道理和方法。希望广大家长坚持科学育儿，不断学习成长，给孩子最佳的人生开端。

是为序。

顾作义

2023年3月

（作者系中共广东省委宣传部原副部长、广东省志愿者联合会会长）

前 言

家庭教育是孩子接受的最早的教育，也是影响孩子一生发展的教育。婴幼儿阶段是人生发展的重要时期，促进婴幼儿健康成长，事关国家和民族的未来，事关千万家庭。做好 0 ~ 3 岁婴幼儿早期家庭教育指导服务是一项极具意义的工作。为全面实施《中华人民共和国家庭教育促进法》，深入贯彻国务院《中国儿童发展纲要（2021—2030 年）》、国务院办公厅《关于促进 3 岁以下婴幼儿照护服务发展的指导意见》要求，更好地满足妇女群众和家庭对 3 岁以下婴幼儿照护服务的需求，切实发挥妇联组织引领、服务、联系妇女的职能作用，在全国妇联、广东省妇联的指导下，中山市妇联依托中山市家庭教育指导服务中心组织编写《家长这样教 宝宝更健康——0 ~ 3 岁早期家庭教育 100 问》指导读本，宣传科学的早期育儿理念，希望能顺应社会对早期家庭教育的需求，帮助家长及照护人遵循婴幼儿的成长特点和发展规律，真心爱护孩子，为孩子提供安全、健康、温暖、有爱的成长环境。

同时，进一步发挥妇联组织立足家庭、面向社区的职能优势，结合中山实际需求，利用镇街家庭教育指导服务中心或社区（村）家庭教育指导服务站点阵地，组织开展亲子游戏、亲子阅读、家长课堂、入户家访、宣传咨询等活动，为辖区内婴幼儿及家庭提供便捷的、家门口的家庭教育服务。

育儿是一段艰辛而幸福之旅，有惊喜、快乐、幸福，也有痛苦、迷茫、困惑，需要家长不断学习、成长和省悟。请在育儿的旅程中带上这本书，让您和孩子一起前行，共同成长。

中山市妇女联合会

2023 年 4 月

目　录

一、生理养育篇

1 怎样给宝宝喂奶?

刚出生宝宝的第一个本领是吃奶。他们不仅会吃奶，还会知道什么时候该向妈妈要求吃奶。饿了或者饱了，他们都会用自己的语言表达。对于新生儿，喂奶的基本要求就是饿了就喂。只要宝宝饿了想吃奶，就可以喂奶，不必严格按照固定的时间喂奶。随着宝宝吃奶量的增加，渐渐地，宝宝自己就会拉大吃奶的时间间隔，慢慢建立起规律的吃奶时间。给新生儿喂奶时要注意以下几点。

学会判断宝宝是否吃饱。如果在吃奶的最初 10 分钟就能够吃饱，他可能会停止吃奶并开始睡觉。母乳喂养的宝宝，如果一次吃奶的时间超过 20 分钟，有可能是母亲的乳汁分泌不足。

喂奶要采取正确的方式。每次喂奶前，妈妈最好先用手挤出几滴奶水，然后用食指和中指夹住乳头送入宝宝的口中。宝宝吃奶时，妈妈要用食指和中指轻轻压住乳房，这样既可以让宝宝更省力地吃奶，又可以避免乳房堵住宝宝的鼻孔，影响其呼吸。同时注意，要让宝宝吸空一侧乳房之后再吸另一侧。吃奶时，宝宝还可能会吃着吃着就睡着了，此时妈妈可以轻轻刺激一下宝宝的脸颊，这样他就又会继续吃起来。

注意清洁卫生。母乳喂养前，妈妈要先洗干净手部，用毛巾或纱布擦干净乳房。母乳是最适合宝宝、最有营养的食物。如果是用配方奶喂养宝宝，则要注意奶瓶的消毒，最好是每次喂奶前都要给奶瓶消毒。对于一般家庭来说，最常用的消毒方法就是放在锅里煮沸。消毒后的奶瓶如果不马上使用，应该倒掉水，放在锅中备用，或盖上消毒纱布，避免被污染。

尽量减少宝宝溢奶。为了减少宝宝溢奶，吃饱后要将宝宝竖着抱起，让宝宝的头靠在妈妈的肩上，并轻轻地拍打宝宝的背部，使其“打嗝儿”，将胃内的气体排出。如果宝宝吃奶太急被呛着，也可以用同样的方法处理。

核心提醒

只要宝宝饿了想吃奶，就可以喂奶，不必严格按照固定的时间喂奶。

2 怎样给宝宝洗澡?

对于健康的新生儿，只要条件允许，出生 24 小时后就可以每天擦洗身体或洗澡，每天早晚都要擦洗宝宝头部、脸部和皮肤的褶皱处。夏季天气炎热，宝宝出汗较多时，可以增加洗澡的次数。给宝宝洗澡时，要注意以下几方面。

洗澡前要注意水温。宝宝洗澡水的温度一般控制在 37℃ ~ 40℃。控制水温比较简单的办法是用胳膊肘来测试，感觉稍有热度就可以了。给宝宝准备洗澡水时，要注意先放凉水，后加热水，以免意外烫伤宝宝。

洗澡时间一般应控制在 5 ~ 6 分钟内，最长不要超过 10 分钟。洗完澡后，要用浴巾将宝宝的身体擦干，并迅速给宝宝穿好衣服。

如果不能洗澡，则要给宝宝擦洗身体。对于早产儿、脐带未脱落的新生儿、身体状况较弱或患病的新生儿，家长不敢给他洗澡，可以用洁净细软的棉布、毛巾或清洁的海绵进行擦洗。

核心提醒

1. 每天早晚都要擦洗宝宝头部、脸部和皮肤的褶皱处。
2. 注意控制好水温和洗澡时间，避免水温过高、时间过长。

3 为什么新生宝宝长得“不好看”？

宝宝的长相完全出乎家长的意料：尖头、脸和眼皮浮肿、皮肤皱巴巴，有的甚至还有满身胎脂。这些都是新生儿特有的外貌特征，很快就会消失。

◎ 头部

新生宝宝的头骨通常比较软，出生时经过产道挤压，头部可能会变成圆锥形，从侧面看起来长长的。即便是剖宫产，宝宝头部也会出现不同程度的变形。这种情况是暂时的，几天后宝宝的头部就会开始逐渐变圆。另外，新生宝宝头部会由于某些软组织肿胀而变得比较大，或出现青紫，这通常是由于胎儿的头受到扩张的子宫颈压迫或是产钳吸引所致，一般3～8周血肿便会自行吸收。如果局部血肿较大或8周后仍不消退，可由外科医生决定是否给予干预治疗。

◎ 脸部

新生宝宝的脸和眼皮普遍会有些浮肿，鼻梁较扁，眼睛可能会有充血，这些情况大多与胎儿在子宫内的位置和出生时在产道内受压有关。一般1～2天浮肿和充血就会消退。有些宝宝出生后只能睁开一只眼睛，或两只眼睛睁开都有困难，这是因为新生宝宝眼部发育尚不成熟，眼睛运动不协调，一般2～4周后可以正常开合双眼。

◎ 皮肤

大部分宝宝出生时皮肤较凉，全身包裹着灰白色的胎脂。胎脂可以避免胎儿因为长时间浸泡在羊水里而皮肤溃烂。不过即便有胎脂保护，宝宝的皮肤仍会被羊水泡得红红的、皱皱的。宝宝出生后数天内，皮肤会恢复正常，大部分胎脂也会自行脱落。

◎ 头发

新生儿的头发可能很浓密，也可能一根都没有，这些情况都是正常的。胎发会在几个月内被新长出的头发代替，并且头发的颜色和质地也会发生变化。

核心提醒

1. 部分新生宝宝头皮上有残存的胎脂，无法用洗发露等清除。如果胎脂过厚，很可能会引起宝宝头部不适，甚至出现皮炎，可用橄榄油或婴儿润肤油敷在胎脂处，停留片刻将其软化后轻轻擦掉。

2. 胎脂不易一次去除干净，家长要耐心多试几次，切勿强行去除，以免伤害宝宝的头皮。

4 初生宝宝体重一般是怎样增长的?

足月出生的宝宝，出生时正常体重一般在 2.5 ～ 4 千克。一般来讲，不同宝宝的体重存在差异，而且男孩一般比女孩稍重。出生后宝宝体重增长的规律有以下特点。

出生后第一周，宝宝的体重会出现暂时性下降，但之后会迅速恢复并进入体重快速增长时期。

宝宝年龄越小，体重增长越快。出生后的前六个月是宝宝体重增长的高峰期。

出生半年到一年，宝宝体重的增长速度减慢，每月平均增长 300 ～ 400 克。

一般情况下，宝宝在出生后 3 ～ 4 个月时，体重会达到出生时的两倍左右，1 岁时可达到出生时的三倍左右，2 岁时则可以达到出生时体重的四倍左右。

核心提醒

1. 宝宝出生时，正常体重一般在2.5 ～ 4千克。

2. 宝宝体重存在个体差异和性别差异。

5 如何看懂新生宝宝大便的颜色？

新生宝宝在出生后的一周里，会排出不同颜色的大便。实际上，无论是最初的黑绿色胎便，还是过渡期深黄绿色的大便，一般情况下都是正常的，家长无须过于担心。

◎ 黑绿色大便

这是胎便的颜色。胎便，顾名思义是胎儿期逐渐累积下来的，可以说是新生宝宝最早的肠道分泌产物。胎便之所以呈黑绿色，是因为其中含有胆红素。胎便是宝宝为家长传递的良好信号，它的顺利排出，说明宝宝的直肠是通畅的。如果宝宝出生后 24 小时仍然没有排便，就要及时告知医生，尽快检查看是否存在消化道畸形的情况。

◎ 深黄绿色大便

这种颜色的大便，是宝宝胎便排出后的过渡期的大便，会持续三四天的时间。过渡期的大便比较松软。如果宝宝已经开始接受母乳喂养，则大便有时会呈颗粒状。新生宝宝的大便中有黏液，大部分情况下，是宝宝肠道内细菌分解代谢的结果，属于正常的生理代谢现象，家长无须担心。

◎ 金黄色大便

如果母乳喂养，宝宝的大便就会是很漂亮的金黄色，有一定的黏性且偏稀，看上去很松散，可能呈水状、颗粒状、糊状、凝乳状等。当看到这些性状的大便时，不用担心宝宝肠胃不好，因为母乳易于消化吸收，所以母乳喂养的宝宝通常会排出较稀的大便。

◎ 浅黄、黄棕、浅棕色大便

如果是配方粉喂养，宝宝的大便颜色就会多种多样，呈现各种深浅不一的黄，甚至掺杂着棕色。虽然看上去也比较松软，不过相比母乳喂养宝宝的大便，这类大便较成形。

◎ 黑色大便

若宝宝饮食中含有铁，不管是配方粉还是维生素滴剂，其大便都可能呈黑色或深绿色。但如果宝宝是母乳喂养，且补充的维生素中也不含铁，却排出了黑色的大便，则建议带宝宝就医检查。

核 心 提 醒

1. 大便虽然在一定程度上能够反映宝宝的健康状况，但家长千万不要做“大便的奴隶”，过分纠结大便的颜色，尤其是在宝宝开始吃辅食后。

2. 由于食用食物的不同，宝宝排出的大便颜色会有更多不同的变化。

6 除了吃奶，宝宝能吃其他食物吗?

宝宝 5 个月了，大人吃饭时，总会盯着看，好像也很眼馋。妈妈就给宝宝吃一点米糊或者软面条，宝宝也吃得有滋有味。妈妈觉得应该给他添加一些其他吃食了，可以添加吗?

4 ～ 6 个月的宝宝，除了吃母乳以外，也开始对其他的食物感兴趣，并能够接受一些食物了。如果母乳不能完全满足宝宝的需要，为了保证其营养，可以开始在宝宝两次喝奶的间隙给他添加一些食物了。

核 心 提 醒

从 4 ～ 6 个月开始，如果母乳不能完全满足宝宝的需要，就可以添加辅食。

7 何时开始给宝宝断奶？

盈盈已经1岁半了，盈盈的妈妈还在给她喂母乳。很多人都告诉她，应该给宝宝断奶了，宝宝越大，断奶越难。可是盈盈的妈妈觉得自己还有奶水，如果就这样断奶有点可惜。那么，究竟宝宝多大的时候该断奶呢？

世界卫生组织建议母乳喂养最好可以持续到宝宝2岁。尽量延长母乳喂养的时间，不仅方便经济，还能够满足宝宝部分的营养需求，同时对促进宝宝身心的全面发育具有重要意义。

虽然随着宝宝逐渐长大，妈妈的母乳会减少，乳汁也会变稀，但是，依然可以继续给宝宝喂养母乳。只要宝宝正常吃饭，没有因为过分依赖母乳导致不吃其他食物，或者每天的母乳需要量已经很少的情况下，妈妈都可以继续喂母乳。

对于半岁以后的宝宝，单纯母乳喂养已经不能够保证宝宝的营养摄入，需要适当添加宝宝可以吃的其他食物。而随着母乳量的逐渐减少，已经不能满足宝宝全天的喝奶量，这时也可以给宝宝添加配方奶。

核心提醒

母乳喂养最好持续到宝宝2岁，但可以适当添加配方奶。

8 给宝宝添加辅食要注意哪些问题?

品种要从一样到多样。开始时，宝宝对食物的适应能力还比较差，不可以同时添加多种食物，应该一样一样测试。等宝宝适应了一种食物后，需要间隔 2 ～ 3 周后再添加另一种。如果宝宝拒绝某种食物或者出现消化不良的状况，就要及时更换，千万不要勉强。

数量要由少到多。添加辅食时应从少量开始，逐渐增量。一旦出现大便性状异常、腹泻等症状，要减少辅食数量或停止喂食，等宝宝身体恢复正常后再从少量开始试喂。

质量要由稀到稠，由软到硬。半岁前，给宝宝添加的辅食主要是米糊、菜泥和果泥等泥糊状的食物；半岁以后，宝宝开始长牙了，食物可以不用做得那么细、软、烂，但是也不能太硬，可以在食物中加入碎菜叶和肉末，主食可以是面条、饺子、馒头等。在宝宝出牙时期，还可以给宝宝吃小饼干和馒头片，让他练习咀嚼。

喂食方式应以用匙为主，这样宝宝可以逐步适应日常餐具的使用，减少对乳头的依赖，同时可以避免宝宝进食量过大，出现超重的问题。

口味要以清淡为主。宝宝的消化和排泄功能还未发育成熟，辅食中最好不要添加盐，以免增加肝、肾的负荷。

在给宝宝添加辅食的时候，要注意营养均衡，蔬菜和水果搭配，以免宝宝养成偏食的坏习惯。

核 心 提 醒

1. 给宝宝添加的辅食要多样化，预防宝宝偏食。
2. 辅食口味要以清淡为主，预防宝宝消化不良。

9 如何避免宝宝挑食和偏食？

在1～2岁这个阶段，宝宝需要从饮食中汲取大部分身体所需要的营养，因此，要注意饮食的搭配和营养的均衡。为宝宝设计的菜谱应该包括以下四类食物：①肉、鱼、家禽、鸡蛋；②奶制品；③水果、蔬菜；④谷类、马铃薯、大米、面包、面食。如果在宝宝的饮食中注意了这几大种类的搭配，那么他的饮食应该是营养均衡的了。同时，应该让宝宝摄入各种颜色和类别的食物，防止他挑食或偏食。

1岁以后的宝宝因为生长速度放慢，又比较贪玩，会出现食欲降低、对吃饭没有兴趣的现象。如果出现这种情况，也不要强迫他吃饭，可以暂时把饭放到一边，等宝宝饿了再给他吃。但是，在这期间不要给他提供饼干、甜点和其他零食。零食的热量一般比较高，如果吃了零食，宝宝就会拒绝吃正餐。这样会导致宝宝营养摄入不足，长此以往，还会影响宝宝的生长发育。

核心提醒

1. 宝宝的饮食要营养均衡，摄入各种颜色和类别的食物。
2. 不要强迫宝宝吃饭，并控制好宝宝吃零食的量和时间。

10 如何培养宝宝良好的用餐习惯?

婴幼儿期的营养奠定了人一生的营养和健康的基础，这时的饮食习惯也会对人的一生产生深远的影响。良好的饮食习惯和科学的营养、饮食观念，会使宝宝终身受益。父母应该这样帮助宝宝。

合理的饮食常规。一般情况下，宝宝每日主餐三次，主餐间隔 3.5 ～ 4 小时，主餐之间可以吃 1 ～ 2 次点心，晚餐后不再进食除水果外的食物。

食物多样化。给宝宝做饭时注意品种多样化，要有奶制品、蔬菜、水果、谷类、蛋和肉类等，鼓励宝宝尝试各种食物。

百变食谱，色香味俱全。变换食物的造型、搭配、做法和口味，并做到色香味俱佳，会增加宝宝进食的兴趣，同时也能向宝宝传递蕴含其中的营养和饮食观念。

让宝宝独立进餐。独立进餐是宝宝必须学习的重要“课程”。除了锻炼动作技能以外，在这一过程中，宝宝还可以学习营养搭配，培养细嚼慢咽等饮食习惯，形成自我服务意识。

追着喂、强制吃会减少甚至剥夺宝宝吃饭的快感。要让宝宝自己决定吃什么、吃多少，学会健康、愉快地吃饭，这样才能让他受益终身。

让宝宝专心享受美味。吃饭时关掉电视，拿走玩具，让全家专注于饭菜的味道。另外，不要在餐桌上批评宝宝，可以谈些轻松愉快的话题，让进餐的气氛放松、惬意。

让宝宝参与买菜、做饭。去市场买菜时和宝宝商量买什么、买多少；做饭的时候和宝宝商量做什么、怎么做，把食物搭配、营养均衡、营养保持等知识和观点融入其中，传递给宝宝。

核心提醒

1. 父母自己吃得香、不挑食，会给宝宝积极的影响，带动宝宝认真进食。

2. 如果父母言语和行动中表现出对某些食物的反感，则会对宝宝产生负面的影响。

11 如何正确吃零食?

3 岁宝宝胃容量较小，每顿饭吃得不多，所以如果宝宝在两顿饭中间感到饥饿，可以适当让他吃一点零食，但吃零食的次数每天不能超过三次，避免影响正餐的进食。

可经常食用的零食：

◎ 新鲜蔬菜、水果

◎ 优质的奶类零食，如纯牛奶、酸奶

◎ 不添加油脂、糖、盐的豆浆

◎ 无糖或低糖燕麦片、全麦饼干

◎ 制作时没有添加油脂、糖、盐的食物

可适当食用的零食：

◎ 加糖或盐的果蔬干

◎ 鲜榨的果蔬汁

◎ 制作过程中加了糖且果汁含量超过 30% 的果蔬饮料

◎ 奶酪、奶片等奶制品

◎ 豆腐卷、豆干等豆制品

◎ 蛋糕、饼干、甘薯球、甜地瓜干

◎ 巧克力

要尽量避免的零食：

◎ 罐头、蜜饯、炼乳等含糖较多的食品

◎ 膨化食品、奶油夹心饼干、方便面、奶油蛋糕

◎ 炸鸡块、炸鸡翅、炸薯片、炸薯条

◎ 甜度高、添加色素的碳酸饮料

◎ 甜度高、色彩鲜艳的冷饮

◎ 含糖量高的糖果，例如奶糖、水果糖

以上食物尽量少吃或不吃，如果一定要吃，要控制在两周内吃 1 ～ 2 次。

核 心 提 醒

3 岁宝宝饥饿时可以在两餐之间适当吃些零食，但每天不要超过三次，并注意选择零食的种类。

12 宝宝要按时睡觉吗?

婴儿期是人一生中身体、心理等各方面发育最快的时期。良好的睡眠对于婴儿的体格生长、心理成熟、行为发育均可能具有重要影响。因此，父母应该根据婴儿的睡眠特点，参照各年龄段婴儿需要的睡眠时间，引导宝宝形成良好的睡眠习惯。

总的来说，随着宝宝逐渐长大，其睡眠的时间逐渐缩短，醒着的时间逐渐变长。1 岁左右的宝宝，白天需要睡 2 ～ 3 次。父母应该根据这个特点，培养宝宝定时上床睡觉的习惯，形成良好的生活规律。每次睡觉之前，父母可以和宝宝轻声地说："宝宝，我们要睡觉了，快把眼睛闭上。"然后把宝宝抱上床，轻轻拍拍他，给他哼轻柔的歌曲，引导他自己入睡。不要让宝宝养成抱着睡、摇晃着睡的不良睡眠习惯。在父母的引导下，宝宝会逐渐养成定时睡觉、自己睡觉的良好习惯。

核 心 提 醒

1. 睡眠对于婴儿的智力、情绪、行为、体质的发育有重要意义。
2. 要引导宝宝逐渐养成定时睡觉、自己睡觉的好习惯。

13 如何让宝宝睡安稳？

宝宝的睡眠对他的生长发育有着至关重要的影响。在2岁前，宝宝晚上易醒，这和宝宝的神经系统发育程度有关，一般到2岁半或3岁以后，情况就会好转。另外，白天的活动情况、睡眠的环境和姿势等，也会影响宝宝的睡眠质量。

影响宝宝夜间睡眠质量的因素：

◎ 神经系统发育不完善，兴奋与抑制功能不够协调，易兴奋。

◎ 不正确的睡眠姿势。

◎ 白天睡眠时间过长。

◎ 白天活动量过大或临睡前过度兴奋。

◎ 睡眠环境问题，如卧室光线、温度、床垫不适宜等。

◎ 进食过饱。

让宝宝夜间安睡的要点：

◎ 宝宝睡觉的房间要空气新鲜、气温适宜，一般保持在18℃～25℃比较合适。帮助宝宝的夜间生活形成规律。每天晚上提前一段时间开始做睡前的准备，比如，大小便、清洗身体、换上干净的衣物、安静地看看书或听听故事，然后关灯睡觉。每天重复这些睡前准备，形成规律。

◎ 鼓励宝宝独立睡眠。宝宝睡下以后，父母不要继续在房间里逗留，如果宝宝有什么问题，帮助他解决后就离开。如果宝宝感到孤独，可以让他选一个物件陪伴他，比如玩具熊、小毛毯等。如果宝宝怕黑，可以在房间里亮一盏夜灯。

◎ 适量减少宝宝白天的睡眠时间，睡前不要让宝宝吃得太饱，如果宝宝夜间醒来，不要把他抱起来哄或者给他喂奶，轻轻拍拍他，使他尽快再次入睡。

核心提醒

白天的活动情况、饮食、情绪、睡眠的环境和姿势等，都会影响宝宝的睡眠质量。

14 如何引导宝宝自己睡小床？

让宝宝一个人睡小床有利于培养他独立睡眠的习惯，避免窒息和压伤等意外的发生，同时也能减少父母对宝宝健康的影响，并有利于保证父母自己的睡眠质量。与习惯跟父母同睡的宝宝分床是个慢活儿、细活儿。如果突然就让宝宝自己睡小床，甚至自己睡一个房间，会令宝宝难以接受和适应。这时，父母应该根据宝宝的心理承受能力，循序渐进，灵活过渡，帮助宝宝逐步适应独自睡觉。在这段时间里，父母可能会比较辛苦，要做好充足的思想准备，不能着急和怕麻烦。让宝宝自己睡小床的技巧如下。

把握分寸，循序渐进。宝宝已经养成了与父母同睡的习惯，因此，在刚开始分开睡时，不能急于求成，要考虑到宝宝的心理承受能力，把握好分寸，让宝宝逐渐适应。

坚持原则，不要放弃。宝宝刚刚与父母分开睡时，会出现反复。比如，到了睡觉的时间，宝宝要爬上大床，家长此时不要心软，应该坚持把宝宝送回小床，陪伴他、鼓励他在小床上入睡。

因事而异，灵活把握。当宝宝生病或遇到挫折心情低落时，家长可以与宝宝暂时同睡，在满足宝宝生理、心理需要的同时，也方便家长随时照顾宝宝。

核心提醒

1. 宝宝刚开始一个人睡小床，可能会产生分离焦虑，不愿意单独睡。如果父母能充分理解宝宝的心情，并一如既往地关心、疼爱宝宝，宝宝便能够渐渐适应。

2. 父母要注意克制自己的担心和忧虑，避免自己的情绪影响到宝宝。

15 如何应对宝宝尿床?

宝宝尿床是一件很正常的事情，因为他的神经系统发育还未成熟，还不能很好地控制排尿。因此，家长要以平常心看待宝宝尿床，耐心等待他告别尿床时机的出现。

如果宝宝已经有下面的表现，说明他想自己解决这个问题，这就是合适的时机。

◎ 早晨起床时，宝宝意识到又尿床了，而且感到有些不好意思。

◎ 宝宝主动告诉父母，他不想再穿尿不湿了。

◎ 宝宝向父母表示，他不想再尿床了。

◎ 夜里尿床后，宝宝不想再接着睡觉了。

父母可以从以下方面帮助宝宝。

◎ 宝宝晚上不穿尿不湿后，可以在他的床上垫一块尿垫子，避免他尿床时弄湿床垫。这会让他不那么紧张。

◎ 睡前做好准备。睡前让宝宝尿一次，而且不让他多喝水或奶。睡觉 2 小时后，试着叫醒宝宝起来小便。

◎ 使用尿湿警报器。当宝宝刚开始尿床时，警报器就会响起，叫醒宝宝，让宝宝及时起床小便。

核心提醒

1. 在对待尿床的问题上，帮助宝宝减轻焦虑很重要。家长应该让宝宝知道尿床不是他的错，很多宝宝都会有同样的问题，而且很多成人在小时候也会尿床。

2. 如果宝宝尿床了，家长也要保持平和的态度。

3. 如果宝宝一整夜都没有尿床，或者能自己醒来尿尿，哪怕只是尿了一点点，家长也要及时表扬、鼓励他。

16 何时开始对宝宝进行大小便训练?

有的宝妈说，要早点给宝宝练习把尿，在宝宝6个月时就开始给宝宝把尿。可宝宝就是不配合，有的时候把半个小时都不尿，刚一放下，就尿了，真拿他没办法。

很多家长在宝宝几个月时就开始训练宝宝有规律地大小便。其实，这是不恰当的做法。因为1岁以内的宝宝还不具备控制自己大小便的主动意识和能力，也无法用语言明确地表达自己大小便的需求，因此，此时的大小便训练基本上是没有什么效果的。

家长可以通过细致的观察，掌握宝宝排便的规律，尤其是宝宝大便的规律。宝宝一天大便的次数比较少，一般来说昨天晚上大便过了，今天早上就不会有了。因此，这是比较容易掌握的。多数宝宝在吃奶后容易大便。另外，还可以观察宝宝的表情来判断他是否要大便。需要大便时，宝宝会出现发呆、小脸发红、用力的神情。可以通过这些信号来判断宝宝的大便需要。

在宝宝大小便的时候，家长可以发出“嘘嘘”和“嗯嗯”的声音，时间久了，宝宝就能建立起对这些声音和大小便训练的条件反射关系，有利于以后的大小便训练。

核心提醒

不要对1岁内的宝宝进行大小便的训练，因为基本上没有什么效果。

17 为宝宝按摩有什么好处?

给宝宝换衣服的时候，宝妈常常喜欢摸一摸宝宝的胳膊和小腿。每当这个时候，宝宝就好像很高兴的样子。宝妈就会想是不是应该多给宝宝抚摸呀，可是到底该怎么抚摸呢？好像又不是很清楚。

大多数父母、长辈都会亲切、自然地抚摸新生儿的面颊、后背、小手或者脚丫。其实，这是一种最简单直接的按摩方式。按摩对宝宝的生长有很多益处，可以活动宝宝的身体，有利于宝宝触觉的发展，可以增加安全感，还可以增强宝宝与父母的交流。因此，可以在给宝宝洗完澡换衣服时有意识地给宝宝按摩。按摩时应注意以下事项。

◎ 最好选择在喂奶的 1 ～ 1.5 小时后给宝宝做按摩，或者在宝宝洗澡后进行。

◎ 按摩时，妈妈的手指可以直接接触到宝宝的皮肤，同时要做好保暖工作。

◎ 按摩要循序渐进，刚开始可以只按摩身体的某些部位，等宝宝习惯后再增加按摩的部位和时间。

◎ 宝宝生病时不要按摩，宝宝哭闹时也应该停止按摩。

◎ 新生儿每次按摩时间最好控制在 10 ～ 15 分钟。时间的长短要根据宝宝的需要决定，一旦感觉宝宝表现出不耐烦了，就要停止。

◎ 按摩时可以播放一些轻松的背景音乐，这样不仅有利于宝宝放松心情，还有利于宝宝的智力发育。

核 心 提 醒

给宝宝按摩，不仅可以活动宝宝的身体，促进宝宝的触觉发展，增加宝宝的安全感，还可以增强宝宝与父母的交流。

18 宝宝的运动能力是怎样发展的?

俗话说:“三翻、六坐、八爬。”讲的就是1岁以内宝宝的运动能力发展非常迅速,会出现一些重要的变化。

2个月的宝宝趴着时能抬起头部。3～4个月的宝宝能抬胸,趴着时可以用胳膊支撑自己的身体;仰面躺着或趴着时两条腿可以同时伸开踢;当脚接触到一个坚硬的表面时会向下蹬。4～7个月的宝宝逐渐学会双向翻身,能从趴着翻到躺着、从躺着翻到趴着;用手支撑着可以坐起来,慢慢发展到不需要手支撑,最后能够用腿支撑身体全部重量。8～12个月的宝宝在没有别人帮助的情况下已经可以自己坐起来;能够腹部着地向前爬行;能够完成从坐到爬的动作,或者从坐到趴下的动作;可以自己拉着东西站起来,扶着家具行走;最后发展到在不需要支撑的情况下独立站一小会儿或者独立走2~3步。

如果出现下面这些情况,就表明宝宝的发育延迟了。

◎ 3个月,仍然无法支撑头部。

◎ 5个月,倚着东西坐起来时,头向后垂。不会两面翻身。

◎ 6个月,不能在有他人协助的情况下坐起来。

◎ 9个月,不会翻身,无法独立坐。

◎ 10个月,双手扶着东西或者在有人保护时不能站立。

◎ 11～12个月,爬行时不协调。

◎ 1岁半,不会走路。

核心提醒

1. 宝宝在运动能力的发展方面,存在较大的个体差异。

2. 如果出现发育过度缓慢的情况,家长应该给予重视,并及时带宝宝到医院请医生诊断。

19 带宝宝去户外要注意什么？

户外活动能让宝宝呼吸到新鲜的空气，阳光能促进宝宝对钙质的吸收，而且，户外活动时可以让宝宝接触到其他的同伴和成人，有利于发展宝宝的社会交往能力，也能开阔宝宝的眼界，增长宝宝的见识。因此，要保证宝宝有充足的户外活动。可以选择在天气适宜的时候，带宝宝去户外进行活动。

1～2个月的宝宝就可以带到户外晒晒太阳，呼吸一下新鲜的空气，但是要注意控制时间。出门前也要根据天气情况给宝宝穿好相应的衣服。让宝宝晒太阳的时候，要注意不能让太阳直射宝宝的眼睛，否则可能会伤害宝宝的眼睛。

4个月时，可以适当延长宝宝的户外活动时间，每天至少一个小时。

而到了6个月以上，家长就可以用婴儿车推着宝宝出去散步和晒太阳了。在户外活动的时候，可以让宝宝多看看红花、绿树和各种各样的东西，这样对宝宝的成长是十分有利的。

核心提醒

1. 户外活动对宝宝身体发育、交往能力和智力的发展有重要的作用。
2. 在天气适宜的时候，应保证宝宝有充足的户外活动时间。

20 为什么宝宝特别喜欢走路？

一般来说，宝宝在1岁左右就能够独立走路了。但不同的宝宝学会走路的时间是存在差异的。有的宝宝可能要到1岁半才能学会独立走路。这些都是正常的现象，家长不必紧张。

随着年龄的增长，宝宝走路已经非常稳当了，走路的姿势也好看多了，手臂的摇摆和走路的节奏也能够配合起来了，速度越来越适当，转身也越来越好看了。这时候，宝宝非常喜欢玩那些能“拖”或者“推”着走的玩具。

走得比较稳了之后，宝宝又开始练习跑、上下楼梯、踢和跳的动作。2岁左右，宝宝已经能够独立地上下楼梯，开始跑，能够踢球。但跳的时候，宝宝还是不能两脚同时起跳和着地。

随着宝宝学会走路，他们的活动范围也扩大了，于是，在锻炼自己运动能力的同时，他们也会更热衷地去探索周围的世界，所以，这个时期的宝宝总是停不下来，不知疲倦地忙个不停。

核心提醒

当宝宝能独立走路时，他往往会停不下来，家长不必阻止。走路既能促进宝宝运动能力的发展，增强体格，又能满足宝宝探索周围世界的欲望。

21 宝宝长高的秘密是什么？

父母对宝宝的身高都很关注，希望宝宝个子长得高些。宝宝的身高会受到遗传因素的影响，不过这并不意味着父母对促进宝宝身高增长无能为力。除了遗传因素以外，还有许多其他影响宝宝身高的因素。影响身高的后天因素主要有以下几个。

营养。全面均衡的营养是宝宝健康成长的保障。2 岁之前是最关键的时期。

疾病。几乎所有的疾病都会影响宝宝的生长发育。生长激素分泌不足、甲状腺功能减退、抗维生素 D 佝偻病及其他的遗传代谢性疾病，都对宝宝的生长有严重的影响。即使是普通疾病，如感冒、腹泻等，如果反复出现在宝宝身上，也会影响他的生长发育。

睡眠。生长激素分泌的高峰一般在晚上 10 点到凌晨 1 点。在这期间处于熟睡状态有利于生长激素的分泌。如果入睡太晚，睡眠时间太短或睡眠质量不好，会抑制生长激素的分泌，从而影响宝宝的生长发育。

情绪。长期的不愉快和抑郁，会影响宝宝的食欲和睡眠，从而影响宝宝的生长。因此，家长应该努力给宝宝一个宽松、愉快的生长环境。

父母保障宝宝的营养和睡眠，多带他锻炼身体，帮助他增强体质，抵抗疾病，并让他保持愉快的心情，就是在帮助宝宝充分发挥生长潜力，助他长得好、长得高。

核心提醒

1. 能按正常速度适宜地生长，对宝宝来说是最好的。长得太慢是问题，长得太快也不是好事。

2. 不能为了让宝宝长得高就随意给他吃营养补充剂，这样对宝宝的长期生长发育并没有好处。

22 宝宝如何保持健康、端正的体形？

体形端正对宝宝的发展有重要的影响，是宝宝身体健康的重要标志之一，也会在一定程度上影响宝宝的自信心和社会交往。父母平时要教宝宝保持正确的坐、立、行姿势：抬头挺胸，身体直立，目视前方。画画、看书的时候，也要让宝宝坐直，不要弯腰驼背。父母还可以通过以下几方面帮助宝宝。

鼓励宝宝进行体育锻炼。宝宝的骨骼还非常脆弱，肌肉也很松软。做操、跑步、拍球、跳绳等体育活动，不仅有益于骨骼发育，还能增强肌肉力量，利于宝宝保持端正的体形。

注意饮食营养。充足、均衡的营养能让宝宝身体健康、体形适中、精力充沛，避免因消瘦或肥胖而导致各种体态和体格问题。

穿合适的衣服、鞋子。给宝宝穿宽松、舒适、透气性好、正规厂家出品的衣服。过小、过紧的衣服会影响宝宝胸廓的正常发育和肺活量；不合脚的鞋子容易导致宝宝走路姿势不正确，甚至脚部发育畸形，从而影响体形。

核心提醒

不要让宝宝长时间保持一个姿势，以免宝宝疲劳，甚至导致骨骼变形。比如，宝宝连续坐的时间以30分钟内为宜。

23 如何预防超重和肥胖？

宝宝不是越胖越好。体重增长过快，可能对宝宝成年后的健康产生不利影响。肥胖、糖尿病、心血管疾病等，都与胎儿期、婴幼儿期的营养过剩相关。因此，适度生长才是最好的。

怎么知道宝宝是否超重？判断宝宝是否超重或肥胖的准确方法是，用宝宝的实际体重除以宝宝身高对应的标准体重，再乘以100%，所得值大于或等于110%为超重，大于或等于120%为肥胖。

超重和肥胖宝宝的饮食调整原则是低能量＋平衡膳食，即较低能量下的平衡膳食。这是指在摄入较低能量的情况下保证蛋白质、维生素、矿物质等营养元素的摄入。具体安排是少吃高脂肪、高糖和碳水化合物类食物，如肥肉、黄油、糖、甜饮料、甜食、主食等；适当地多吃富含蛋白质、维生素、矿物质、脂肪转化率低或饱腹感强的食物，如瘦肉、鱼、虾、蛋、豆制品、黄绿色蔬菜等。

培养宝宝良好的饮食习惯。一是要为宝宝准备好早餐，否则午餐时宝宝容易食欲大增，机体吸收加快，造成脂肪堆积。二是要培养宝宝对蔬菜的喜好。可以改变进餐顺序：先吃低热卡食物，后吃高热卡食物；先喝汤、吃素菜，再吃荤菜，然后吃主食。三是要减慢吃饭速度，并且睡前不再进食。

核心提醒

1．婴幼儿仍处于较快的生长发育期，所以不能人为给宝宝减重。

2．2～7岁的孩子超重，可以通过调整饮食，纠正不良饮食和生活习惯，增加运动量和运动强度，以减缓体重增加或维持体重不变，最终让孩子随着身高的增长而体重渐趋正常。

24 如何增强宝宝的体质?

2岁以后，宝宝走得比较稳当了，此时要让他做些适当的体格锻炼，以帮助他健康成长。父母可以多带宝宝到户外走、跳、跑、攀爬，充足的阳光、新鲜的空气、清洁的水流都会给宝宝健康的滋养。

培养宝宝锻炼的兴趣和习惯很重要。如果父母经常锻炼，会对宝宝起到示范作用，激发宝宝锻炼的兴趣和热情。让宝宝和年龄相仿的小朋友一起锻炼，也会让他更有兴趣。此外，游戏是宝宝最乐意接受的锻炼方式，在玩耍中就能达到锻炼的目的。以下是宝宝可以进行的体格锻炼游戏。

网鱼。父母双手相拉充当“渔网”，和宝宝一起念儿歌：“一网不捞鱼，二网不捞鱼，三网捞个小尾巴、尾巴、尾巴鱼。”念前半段时，父母的手抬高，让宝宝从中间穿过。念到最后一句时，父母放下手拦宝宝，宝宝要迅速逃离。宝宝被网住后与父母互换角色再玩。

够气球。把气球、手绢等吊在空中，鼓励宝宝双脚跳起来去够取。

贴烧饼。父母边追宝宝边说：“贴呀贴呀贴烧饼，贴到××（宝宝的名字）了。”父母“贴”到宝宝（摸到宝宝）后，宝宝反过来追父母。

运皮球。父母把皮球从一个筐子里拿出来交给宝宝，让宝宝快速地把皮球放进稍远处的另一个筐里。也可以与宝宝比赛运皮球，增加趣味性。

追影子。父母和宝宝在阳光下互相追逐对方的影子。也可以做各种动作，一起观察影子的变化。

核心提醒

1. 户外锻炼时，要给宝宝穿适合运动、透气性好的衣服，以利于活动方便和汗水挥发。

2. 注意防晒、保暖，控制好游戏时间。

25 如何做好宝宝的眼睛保健？

宝宝的视觉在刚出生的时候是很不成熟的，在最初的几年里一直在发育，可塑性很强，也很容易因为各种不良因素的影响而受到伤害。因此，这个时期保护好宝宝的眼睛，预防各种眼部疾病和其他对眼睛的伤害很重要。宝宝的眼睛保健应注意以下几方面。

采光和照明要适宜。宝宝居住、玩耍的房间采光要好，最好有自然光，有宽大的窗户，窗前不要有遮挡物。房间的墙壁和家具宜用浅色调，不宜用玻璃、高光瓷砖、高光金属板等反光材料。照明灯宜用白炽灯和高频闪的荧光灯。可以配乳白色的灯罩，柔和光线。光照强度以宝宝感到舒适为准，不宜太暗或太亮。

养成良好的用眼习惯。多让宝宝在户外活动，在室内时也要让他经常看窗外。宝宝2岁以前最好不要看电视。等宝宝长大些开始看电视时，要限制他看电视的时间，每天不宜超过30分钟。电视机屏幕的中点要略低于宝宝的视线，宝宝与电视机的距离是屏幕对角线的4～6倍。晚上看电视要开一盏小灯。宝宝看书、画画时，纸与眼的距离要保持在33厘米左右，不要躺着或在坐车时看书。尽量避免给宝宝买反光的铜版纸的书。

注意眼睛的清洁卫生和保护。为宝宝准备专用的洗脸毛巾和脸盆，并且经常清洗，保持干净卫生。教会宝宝不用脏手和脏手帕擦眼睛，不让宝宝玩尖锐的东西、弹射的玩具，避免意外的发生。

注意营养。要保证宝宝的饮食中有富含维生素A的食物，比如，肝脏、蛋黄、胡萝卜等。此外，宝宝的食谱设计要保证营养均衡，并少吃甜食。

核 心 提 醒

除了用眼习惯、眼部保洁和营养，宝宝眼睛保健最重要的是多到户外活动和接触自然光。

26 如何尽早发现宝宝视力异常？

婴幼儿期的宝宝视力发育飞速。视力发育正常的情况下，2 岁宝宝的视力通常能达到 0.5 ～ 0.6（4.7 ～ 4.8）。这个时期，父母需要关注宝宝的视力发育是否正常。

宝宝通常还不能配合医生检查视力，但是父母可以在家里通过观察宝宝日常生活中的一些习惯和细节，初步判断宝宝的视力情况。如果宝宝有下面这些表现，说明他的视力可能存在问题，要及时带宝宝到医院检查。

◎ 宝宝的动作明显比同龄宝宝笨拙，走路经常跌跌撞撞，无法躲开眼前的障碍物。

◎ 宝宝看东西时经常有眯眼、歪头、往前凑的举动；看书、看电视时总是离得很近。

◎ 宝宝对色彩鲜艳、变化多端的电视不感兴趣。

核心提醒

1. 这个时期的宝宝活动能力越来越强，活动范围越来越大，发生眼外伤的可能性也随之增大。

2. 父母除了关注宝宝的视力问题外，还要注意避免其眼外伤的发生。不要让宝宝玩锥子、小刀等尖锐的东西，同时让宝宝远离燃放烟花爆竹的地方等。

27 宝宝可以看电视吗?

看电视是常见的休闲娱乐方式。在父母看电视的时候，很多宝宝也会在旁边跟着看。有些家长甚至会抱着宝宝一起看，觉得可以让宝宝通过看电视来学习。其实，看电视并不是适合小宝宝的娱乐或学习方式。因为年龄较小，宝宝只是对一些声音和画面感兴趣，基本上不能理解电视节目的内容，更不用说通过看电视学习什么知识了。在这个阶段，宝宝需要通过自身的体验去认识真实的世界，并发展动作、认知技能和语言能力。如果宝宝花费很多时间看电视，将挤占宝宝其他的活动时间，比如，运动、游戏、与人交往等，从而影响他对真实世界的认识，不利于他的全面、健康发展。

放任宝宝看电视除了容易影响宝宝视力外，还可能存在许多其他方面的危害。研究证明，看电视多的宝宝语言能力的发展会受到影响。宝宝还可能模仿电视中的暴力等不良行为。电视中的信息比较完整，过多观看商业娱乐电视节目可能不利于儿童想象力，尤其是创造性想象力的发展等。

核 心 提 醒

1. 宝宝 2 岁前最好不要让他看电视。2 岁后看电视的时间要固定且有所限制，并根据其年龄特点精心选择合适的节目。

2. 家长尽量在宝宝不在场时看电视。

3. 注意培养宝宝良好的生活习惯和生活情趣。平时多陪宝宝游戏、看书、外出玩耍、运动等。

28 如何教宝宝刷牙？

刷牙是预防龋齿最有效、最方便的方法。从2岁开始，宝宝就可以学习刷牙了。父母可以给宝宝准备合适的牙刷，并教给他刷牙的方法和步骤。如1～3岁婴幼儿专用牙刷，其刷头小，适合宝宝的口腔，而且刷毛软，顶端经过磨圆处理，不会伤害宝宝的牙齿和牙龈。3岁之前的宝宝容易误吞牙膏，所以不建议使用儿童含氟牙膏，可以用温开水、淡盐水、淡茶水等代替，也可以选择能吞咽的婴幼儿牙膏。父母可以将下面的刷牙方法和步骤教给宝宝。

◎ 上刷刷，下刷刷。先刷上下牙的外侧面。把牙刷斜放在牙龈边缘的位置，以两三颗牙为一组，用适中力度上下来回移动牙刷。要将横刷、竖刷结合起来，刷上牙画“M”形，刷下牙画“W”形。

◎ 外刷刷，内刷刷。刷完牙齿外侧后，再重复以上动作刷牙的内侧。注意刷门牙内侧的时候，牙刷要直立，用适中的力度从牙龈刷向牙冠。

◎ 牙面上，再刷刷。刷牙齿的咀嚼面时，牙刷在咀嚼面上前后移动。

核心提醒

1. 培养宝宝良好的口腔卫生习惯很重要。

2. 父母首先要保持良好的刷牙习惯，给宝宝起一个示范作用。

3. 买牙刷时，让宝宝挑选他喜欢的样式、颜色、图案；准备宝宝喜欢的小贴画，每天刷完牙后奖励他一个。这样可以增加宝宝主动刷牙的积极性。

29 为什么要让宝宝自己吃饭？

常常会出现这样的情境：宝宝吃饭的时候，对小勺子很感兴趣，总是要自己拿着勺子吃饭，可是，他自己还拿不好勺子，有的时候勺子还没有送到嘴里，饭已经撒了。妈妈看着真着急，让宝宝自己吃吧，总是把饭撒得到处都是；不让宝宝自己吃吧，他还着急呢。究竟应该怎么做呢？

1～2岁的宝宝很喜欢模仿大人，看到大人自己吃饭，他也想试一试。那就让他自己吃吧，虽然吃得到处都是，但是只要他有兴趣，也会吃得更香。

宝宝在刚开始自己吃饭时，还不能平稳地把勺子里的饭送到嘴里，拿杯子喝水的时候也容易洒掉。因此，家长需要耐心细致地引导他，鼓励他，多给他一些锻炼的机会，逐渐培养他用勺子自己吃饭，以及用杯子喝水和牛奶的技能。

宝宝刚开始学吃饭时，往往会把饭和汤撒得到处都是，家长尽量不要有急躁情绪，更不要因为怕宝宝弄脏就喂他吃。这些都不利于培养宝宝的进餐技能。只要在饭前做好准备，给宝宝穿上围兜，在饭桌下面铺上垫子，注意及时清理就可以了。

核心提醒

1．选一把适合宝宝的椅子。椅子和餐桌间的高度要适当，椅子要稳当、安全。

2．允许宝宝用手当餐具。如果宝宝总是想用手拿东西吃，那也没关系，可以把蔬菜和水果切成条，让他用手抓着吃就好了。

30 怎么陪伴2岁宝宝玩耍?

玩耍是孩子的天性。这个年龄的宝宝非常喜欢和大人一起玩耍。选择合适的玩具和宝宝一起玩，不仅有利于宝宝动作、智力、语言能力的发展，还可以增进父母与宝宝之间的感情，同时能让父母更了解宝宝的发展水平和兴趣爱好。

适合1～2岁孩子的玩具有大图画和简单故事制作的大开本图书，积木，插塑玩具，简单的益智拼图玩具，过家家类的玩具，挖掘类的玩具，各类汽车玩具，各种不易破碎的容器，能推拉的玩具，室外玩具（滑梯、秋千、沙箱），儿童三轮车，相互连接的玩具（连环、大的串珠、S形物体），长蜡笔，玩具电话，等等。

适合1～2岁孩子的游戏活动有读书，选择鼓励触摸、操作或可以指认物体的图画书，看书时鼓励孩子积极参与；玩过家家游戏；玩沙、玩水；画画；用积木玩堆叠或者拼插游戏；抓、握、捏、扔、跑、跳等各种运动游戏，有利于其运动技能的发展；配合儿童歌曲的表演游戏；交朋友，和其他小伙伴一起玩耍。

核心提醒

1. 陪伴宝宝时，家长要专注，不建议边玩手机边敷衍宝宝。

2. 陪伴时要以宝宝为主，适当引导。

3. 有时宝宝不需要家长参与，家长待在宝宝旁边即可。让宝宝感觉到安全，他才会专注地玩。

二、心理发展篇

31 初生宝宝会有哪些感觉?

案例

我很好奇，我的宝宝刚出生时能感知这个世界吗？他什么时候才会有视觉、听觉、触觉、味觉和嗅觉呢？是怎么感知的？

专家解答

新生儿已经具备了视觉、听觉、触觉、味觉和嗅觉等多种感觉能力。出生第一个月内，宝宝的视力将发生许多变化。宝宝刚出生时，只能看到身边的东西。3 个月内的宝宝的最佳视觉距离为 20 ～ 25 厘米。同时，他的视线还会跟随物体移动。另外，宝宝的视觉还表现出一定的偏爱，一般喜欢对比鲜明的图案。他们特别喜欢看人脸。

新生儿的听力是很好的。当你在宝宝旁边说话时，他会认真听，并观察你说话的动作。新生儿不仅听力好，还能记住听到的声音。当然，他对噪声也很敏感，不喜欢噪声。

新生儿一出生就具备发达的触觉功能。他的嘴一碰到妈妈的乳头就会自动吸吮。嘴唇和手指是新生儿最灵敏的部位。他对冷热的刺激特别敏感，比如，宝宝对牛奶和洗澡水的冷热会做出不同的反应。 因此，宝宝一般会通过嘴和手去感知外部世界。

新生儿对于气味很敏感，闻到牛奶、糖、香草等香味时，会深呼吸；闻到醋和酒精的味道时，就会扭头。母乳喂养的宝宝会记住妈妈身上的味道。另外，宝宝对于酸、甜、苦、辣的味道也有一定的分辨能力了。

核心提醒

1. 新生儿已经具备了视觉、听觉、触觉、味觉和嗅觉多种感觉能力。

2. 尽量去满足宝宝的感觉需要，让宝宝感知世界，促进宝宝的发育。

32 如何发展宝宝的感知觉?

案例

云云妈妈带着3个月的云云玩耍时，发现云云总是在吃手指，于是她不停地把云云的手指从嘴巴里抠出来。云云生气了，一边大哭一边使劲地用手抓妈妈的脸和头发。云云妈妈也“不甘示弱”，两巴掌打在云云的屁股上。旁边一位妈妈轻轻地说：“宝宝吃手指有好处，能促进宝宝感知觉的发展。”

宝宝吃手指真的能促进感知觉的发展吗？我们应如何发展宝宝的感知觉？

专家解答

婴儿时期是宝宝感知觉发展的重要时期，尤其是视觉、听觉和触觉的发展。

宝宝在0～3个月期间喜欢看人脸和黑白图。家长要多与宝宝进行面对面的凝视和交流，也可以准备一些主题鲜明的物体黑白图片给宝宝看。4个月后的宝宝喜欢彩色。家长可以在婴儿床周围悬挂一些彩色的气球，同时要多带宝宝出去感受多彩的世界。

宝宝最喜欢听妈妈和家人的声音。爸爸妈妈以及家庭成员要多和宝宝说话，引起宝宝的关注。家长还可以在离宝宝不远处，敲击物体发出声音，待宝宝转头看向发音方位时，告诉宝宝是什么在发声。可以根据宝宝情绪的状态换方位继续敲击，锻炼宝宝的听音能力和听觉追踪能力。

宝宝会借助口腔和手以各种方式感知世界。家长不要忽略和排斥宝宝通过口腔和手去探索，更不要用套子将宝宝的手套起来或是在宝宝吸吮物体时拍打宝宝，而是应该帮助宝宝将指甲剪短，将周围的物体擦洗干净，给宝宝营造更多可以探索的空间。

核心提醒

1. 感知觉是婴儿认识世界和自我的主要手段，包括视觉、听觉、触觉等。
2. 家长要给宝宝提供多样的环境刺激，满足宝宝感知觉发展的需要。

33 宝宝的记忆是如何发展的？

案例

佳佳妈妈最近有点伤心，3个月大的佳佳本来很黏自己，但自从自己出差一个月回来后，发现孩子把自己当成了陌生人，一抱就哭，似乎已经完全没有妈妈的记忆了。为什么会这样呢？佳佳妈妈充满困惑。

专家解答

每一个人几乎很难记起3岁前的事，但并不等于是没有记忆，只不过记忆的发展有自己的特点。出生头一个月内能认奶瓶，喂奶前看见奶瓶就兴奋和激动；5～6个月以后能认妈妈，见到妈妈时，眼睛发亮，注意力集中，有时还会发出笑声；1岁左右能记得相隔几天的事情；3岁左右能回忆几个星期以前的事情。

总的来说，3岁以内的宝宝的记忆呈现以下特点。

以无意、机械、形象记忆为主。宝宝对事物的认识和记忆，往往是在无意识中进行的。因此，这时候的记忆带有很大的随意性，没有明确的目的和意图，甚至是让他记什么，他就记什么。因为大脑还未发育完全，宝宝理解能力较差，当对记忆的事物不了解时，就只会死记硬背，进行机械记忆。这就是宝宝可能会唱很多歌曲，但是对歌词的意思却并不理解的原因。宝宝在学会说话之前，记忆就像在照相，所记忆的内容大多是事物的形象。因此，直观、形象、有趣味的事物往往能够吸引他的兴趣和注意力，让他自然而然地记住。

容易受情绪影响。3岁前宝宝的记忆富有情绪色彩，特别容易记住那些令他愉快或悲伤的情景或事物。在听故事、儿歌时，往往特别容易记住其中最有感情的那些句子。一些形象生动的词语也能引起他情绪上的反应。

记得快，忘得快。记忆的内容在头脑中保留的时间较短，一般不会超过一年。据研究表明：宝宝见过的事物重新出现在眼前时，1岁以内只能认得几天以前的事物；2岁左右能认得几个星期以前的事物；3岁左右可以认得几个月以前的事物。见过的事物不在眼前时，1岁以内不能回忆起来；2岁左右可以回忆起几天以前的事；3岁左右可以回忆起几个星期以前的事。所以，几个月不见爸爸，就可能忘记了爸爸的模样，把爸爸当成了陌生人，但是如果在爸爸不在的时候经常提起，情况又是不一样的。

随意，不精确。3 岁以内的宝宝的记忆是没有目的性的，凡是感兴趣的、印象鲜明的事物都容易记住。但回忆的精确性较差，往往是片段的、不完整的，常常会出现丢失细节、颠倒时空或者将人物事件与时空随意组合等情况。

核心提醒

1. 记忆力的发展是以大脑的发育为基础的，家长要遵循记忆的发展规律来锻炼宝宝的记忆力。
2. 宝宝的记忆力会因记忆内容不同而不同，也存在个体差异。
3. 直观、形象、有趣的事物更能促进宝宝的记忆。

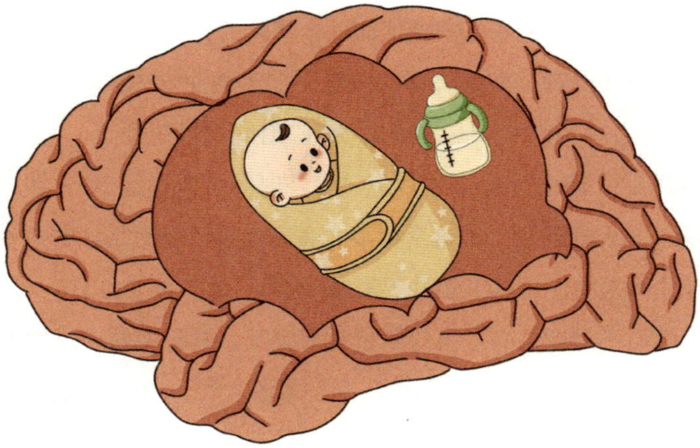

34 如何培养宝宝的专注力?

● 案例

东东平时吃饭不专心，边吃边玩，一顿饭能吃1个小时；看绘本时根本坐不住，看两分钟就摸摸这儿摸摸那儿。东东妈妈每次看到别的孩子乖乖地吃饭，自己安静看书，内心都很羡慕，为什么东东就做不到呢?

● 专家解答

对宝宝来说，专注力与大脑和神经系统的发育密切相关。宝宝年龄越小，专注力程度越低。但并不是发育到相同阶段的宝宝都有着相同的专注力程度。每个宝宝的专注力是有差别的，主要的原因是宝宝的专注力是需要家长呵护和培养的。

家长要理解每个阶段宝宝的专注力是不一样的，个体之间也是有差异的。按研究标准来看的话，宝宝的专注力发展是遵循下面这个规律的：在0～1岁的时候，宝宝的专注力集中时间不超过1分钟。如果有新的刺激，宝宝的注意力也容易被转移。1～3岁的时候，专注时间在2～8分钟。3～4岁时，专注时间可以达到5～8分钟。4～6岁时，专注时间可以达到8～15分 钟。6岁以上，专注时间可以达到10分钟以上。其中，也会存在个体化差异，但能达到上面这个标准，表明宝宝已经有足够的“专注时间”了。要达到这个标准并不太难，妈妈不必过于焦虑。

家长要多鼓励而不过度关心。有的家长常在宝宝认真玩耍时，过度关心：“哎呀，手怎么这么脏?”“宝宝，喝点水再玩吧。”“累不累呀，等会再玩吧。”家长虽然带着关心宝宝的心态介入，但却会打断宝宝专注力的连续性。家长的过度关心还体现在经常催促、批评宝宝上：“怎么这么慢还学不会?”“怎么现在还玩不好?”“快点，别玩了。”……家长催促和批评宝宝时，往往伴随着怒吼和指责，会让宝宝感到焦虑，抑制他思考与记忆保留的能力；会使他处于一种紧张的状态，导致难以专注。建议家长在确保安全的情况下，给宝宝适当的独立空间，还有足够的时间，让宝宝用自己的方式去探索他感兴趣的事情。

玩具不要过多。家里玩具过多，宝宝就总是想玩一下这个，玩一下那个，专注力变得不强。同时，家长要尽量将玩具收拾到可封闭的柜子、箱子里，减少散落在外面直接可见的玩具数量。收拾的时候要分门别类，还可以在容器外面贴上标签。对于年龄比较小的宝宝（2 岁以下），一段时间拿出几样玩具，并相隔一定的距离；对于年龄比较大的宝宝，引导他们自己根据标签来选择自己想要的玩具。这也是对他们自己分类、整理能力和秩序感的培养。玩完以后，引导宝宝和家长一起收拾玩具，培养良好的行为习惯。

兴趣主导，用游戏培养宝宝的专注力。对于幼儿，绘本阅读、搭积木、拼图等都是培养专注力的很好的游戏。需要特别注意的是，做游戏时一定要做完一个以后再开始另一个，要想办法让宝宝关注一件事的时间逐渐增加。宝宝 3 岁之后，家长可以适当增加游戏难度，来锻炼他的注意力和快速反应能力。游戏的选择一定要以宝宝的兴趣为主导。兴趣能让宝宝感觉到“专心做事”本身就是愉悦的，这种愉悦感会保护宝宝的专注力。家长要让宝宝自主选择自己想玩的玩具、想看的绘本，不要用自己的“是否有用”标准来决定宝宝该做什么。

不断强化宝宝专注做事的行为。在宝宝做不好想放弃时，家长要鼓励他坚持下去，让他获得专注做事带来的成就感。在做事的过程中虽然会遇到一些障碍，但当他专心致志克服困难最后达成目标时，也会感受到由衷的喜悦和自豪。这种体验会强化他做事的态度，使他慢慢形成专心致志克服困难的品质。

核心提醒

1. 宝宝的专注力是有差异的，不要盲目比较。

2. 对年龄越小的宝宝来说，专注力的保护比培养更重要。

3. 培养宝宝的专注力，家长要学会以兴趣为切入点，设置有难度的任务，同时还要学会观察宝宝，知道什么时候不能随意打断他，什么时候要帮他一把。

35 如何呵护宝宝的好奇心？

案例

丫丫妈妈最近很烦恼，因为丫丫总是对她发出很多“灵魂考问”：“为什么红灯要停？”“为什么要睡觉？”“为什么不能吃糖？”“为什么要喝水？”……丫丫妈妈不知道该如何回答这些奇奇怪怪的问题，有的时候回答了，宝宝还说不对，偏要按照自己理解的来。

其实爱发问是宝宝好奇心的表现。不仅爱问问题，宝宝往往还喜欢“动手动脚”，为了解答心中的疑惑，行动力很强：拆解玩具、把沙子堆成各种形状、同一个物品可以“发明”出多种玩法……作为家长，该如何呵护宝宝的好奇心呢？

专家解答

允许提问。如果宝宝脑子里有很多稀奇古怪的问题，是一件好事，说明宝宝总是在思考，思维活跃。家长不能对宝宝的问题表现出不耐烦，更不能给予指责否定，说他整天不知道在想什么。因为这样的话，宝宝的好奇心就会逐渐降低、消失。家长本身也要对万事万物充满热情，多学习、多思考，和宝宝共同成长。

积极回应。在宝宝问问题时，家长积极的回应是对宝宝善于发现问题、提出问题的鼓励和欣赏，会让宝宝更积极主动地去观察、思考、发现，有利于其好奇心的发展。因此，家长可以多对宝宝说“这个问题问得好”“这个问题值得我们研究”“你能发现这一点，很不错”等，耐心地告诉宝宝问题的答案，或者引导宝宝自己寻找答案。寻找答案时不要执著于标准答案。如果有些问题家长也回答不上来，可以带着宝宝一起看绘本、阅读、实验。在这个过程中，可能会有更多的知识延伸，收获更多的乐趣，宝宝也能从中得到锻炼。

善于启发。日常生活中，家长要少用命令式或说教式的方式和宝宝沟通，这样会限制宝宝思维力的发展，甚至会让宝宝逆反。家长不妨多用启发式的提问，这样不仅会让亲子沟通更顺畅，还可以引导宝宝思考，让宝宝参与解决问题，从而提升他独立思考和解决问题的能力。比如带宝宝到大自然中，问问他树叶都有什么形状，有什么颜色，为什么会有不同的颜色等。宝宝好奇心的培养，其实就藏在生活的各种场景中。通过问题引导宝宝去看、听、闻、思考，既能让他收获知识，也能让他建立起良好的思维方式。

著名天文学家、科普作家卡尔·萨根曾说：“每个孩子生来就是科学家，是我们让他们放弃了这个天性。只有少数人带着对科学完好无损的热情和好奇心挺过了成人的考验。”对于家庭教育来说，家长多一点重视和保护宝宝的好奇心，宝宝的成长空间就会更宽阔一些，未来也会充满更多可能。

核心提醒

1. 好奇心是人成长的驱动力。别把宝宝的好奇心弄没了。
2. 宝宝好奇心的体现是“喜欢看、喜欢问、喜欢摸、喜欢试”。
3. “允许提问、积极回应、善于启发”可以帮助呵护宝宝的好奇心。

36 如何鼓励宝宝自主探索?

案例

琪琪最近很爱帮妈妈忙，妈妈在扫地，她要抢扫把，可是一拿起扫把太重了，扫不了，她又会发脾气。有一次，琪琪要自己把矿泉水的瓶盖拧上，可是不管怎样都拧不上，还不让大人插手，结果水洒了一地，琪琪还发脾气扔了瓶子。妈妈很苦恼，面对琪琪什么事情都想试试，但做不好又很容易放弃、发脾气，不知道该怎么办才好。

专家解答

意大利幼儿教育学家玛丽亚·蒙台梭利认为，孩子一出生就具备一个精神胚胎，其中藏有心灵成长的密码。宝宝只有通过自己的行动、感受和思考才能解开这个密码。人是在体验中成长的，而自主探索就是宝宝探索认识世界的一种方式。他们在探索中尝试、比较、领悟，最终收获成长。就正如宝宝第一次把小手放到嘴里、用嘴来咬你，其实都是宝宝想探索世界、认识世界的表现。

创设自主探索的环境。游戏是宝宝最喜爱的活动，家长要寓教于乐，创设各种游戏，引导宝宝积极参与，在游戏中探索成长。在游戏中要让宝宝自主选择，这种自主选择包括自己选择玩什么、怎样玩。宝宝在游戏中可以不受任何限制，尽情玩耍。家长只是作为游戏伙伴参加游戏，对宝宝的活动表示支持、赞许。当然，在游戏中，家长并非完全放任，可以依据平时对宝宝的了解进行相应的指导。当宝宝在游戏活动中遇到困难时，家长应该积极鼓励他，让其动脑想办法。在游戏活动中允许宝宝有失败，鼓励宝宝再试一试，宝宝就会在一次次尝试失败的过程中获得经验，发展能力，从而体会到克服困难后的愉悦。

由易到难地探索问题。想有一个富有想象力和创造力的宝宝，就应该给宝宝制造一些机会去探索认识世界。因为缺少生活经验和对社会规则的认知，宝宝难免会“碰钉子”。如果一开始就探索很困难的问题，会让宝宝丧失学习和探索的兴趣和自信心。因此，父母可以有意识地引导他们从简单的问题出发，再慢慢过渡到高难度的问题。更重要的是，如果宝宝在探索新事物时犯了错，不要急着对他说“不可以、不对”。过于频繁地批评指责宝宝，会让他因为害怕被否定而失去探索的动力。在确保安全的前提下，爸爸妈妈要尊重宝宝的探索方式，鼓励他用自己的方式去了解这个世界。

多做探索总结。宝宝的每次探索都是会有收获的。所以在每次探索完之后，家长要鼓励他做探索总结。有时候宝宝会遇到一些自己解决不了的事情，该怎么样克服困难，下次又该怎么做，这些都是要宝宝自己去想明白的。在思考的时候，他才会回过头来，开始想在探索中自己到底做了什么，然后发现自己的潜能，同时学会自我欣赏。所以在探索的过程中，学会总结是非常重要的一件事情。只有学会总结，才能有进步。

适当留白。人的精力是有限的，要想让宝宝真正开动脑筋，就要给宝宝留出一点完全自由的时间，不妨碍他做任何事情。有了时间，宝宝才能把自己那些无处安放的脑洞都动手实现起来，并在这个过程中获得乐趣，发现新的问题，产生学习的内驱力。不必把宝宝的时间规划到小时、分或秒，多给他一些自由的空间去呼吸。因为你以为的他在浪费光阴和生命，或许是他正在探索自己的潜能。

核心提醒

1．探索是儿童的本能，冲动、好问、好探索是儿童与生俱来的特点。

2．给宝宝营造安全自由的氛围，保护宝宝的探索欲，让宝宝自主探索。

37 1～2 岁的宝宝喜欢玩什么？

案例

女儿 1 岁多了，我该准备什么玩具给她？这个年龄段宝宝喜欢玩什么？

专家解答

1～2 岁的宝宝很喜欢堆一堆、摆一摆的游戏，从这些游戏中我们可以看出宝宝的理解能力在发展。这些游戏包括以下几个。

“填满倒空”游戏。12～16 个月的宝宝对于在一个容器里填满东西再倒出来很感兴趣。最初，宝宝不会把容器反过来倒东西，而只是摇晃容器，到了 15 个月，宝宝就能够把容器反过来把东西倒出来了。

“垂直堆叠东西”游戏。15 个月之前，宝宝对于用积木堆叠玩具不感兴趣。从 18 个月开始，宝宝对垂直堆叠东西感兴趣了，喜欢将小方块和积木等堆叠起来。

“横着摆放”游戏。2 周岁时，宝宝对于垂直堆叠的兴趣减弱，开始喜欢将积木横着摆开。

这些游戏活动表现出宝宝对于空间概念和物体间关系的理解能力已经有了很大的发展。

核心提醒

1. 1～2 岁的宝宝很喜欢堆一堆、摆一摆的游戏。
2. 创造条件满足宝宝的游戏需要，促进其空间能力和动手能力的发展。

38 可以教宝宝识字吗?

● 案例

小春是个特别注重孩子教育的宝妈。在孩子两三岁时，就会有针对性地让女儿认识商店门口的字、标签，看到汉字她都会把女儿叫过来，告诉她这是个什么字。时间长了，小姑娘对这种“识字游戏”越来越感兴趣，遇到自己不认识的字就问父母。两年多下来，孩子已经能认识1000多个常用的汉字。

小夏是一位新手妈妈。由于自己当年没考上理想的大学，所以小夏立志要让自己的儿子将来考上重点大学。为此，儿子刚满3岁，小夏便迫不及待地给儿子列了一个学习计划表，要求儿子每天认识三个字。可计划没坚持一个月，儿子看到妈妈拿出字卡就躲起来。为此，小夏很是头疼，不知道问题出在哪里。

同样是识字，小春和小夏的做法有什么区别？效果又有什么不同呢？那么，多大年龄的孩子可以识字？怎么教孩子识字比较科学呢？

● 专家解答

尊重和激发孩子对“字”的兴趣。虽然从理论上来讲，3～5岁这个年龄段的孩子大脑发育相对较快，如果在这个阶段让孩子接触文字，对他们阅读能力的提升和大脑的发育都有好处。但是，具体到每个孩子什么时候可以识字主要还是看孩子什么时候对“字”产生了兴趣，而不是家长对“识字”这件事产生了兴趣或者焦虑。切忌“填鸭”，不用刻意追求“早”或者“多”。当孩子对“字”产生好奇或者兴趣时，教孩子识字是最好的。

采取有针对性的识字方法。在兴趣的前提下，不同年龄段的孩子在识字方法上要有所区分，比如，处于小班段、中班段区间的4周岁左右的孩子，家长可以侧重用“字源”的方式来教其识字，也就是“字＋图”，以游戏的方式进行学习；大班段的孩子则要兼顾字音、字形、字义的学习。

核心提醒

1. 当孩子对字产生兴趣时去识字是最好的。

2. 在识字的过程中要结合孩子的年龄特点采用相应的方式，切忌任务式、“填鸭”式识字。

39 可以让宝宝背诗吗?

案例

作为一名95后的新手妈妈，小雅想好好教4岁的儿子背古诗。可背了一个月后，小雅有些气馁，主要是儿子今天背了明天就忘，给他讲古诗的意思，他好像也不能完全理解。对于背不背古诗，怎么背古诗，小雅开始有些疑惑了。

专家解答

古诗词是中华民族的文化瑰宝，凝聚着中华民族的智慧，呈现出中华民族的善良、坚强和浪漫。但是不是每个孩子都要背古诗？怎么背？什么时候开始背呢？

明确目的，以身传教。首先，家长要明确自己让孩子背诵古诗词的目的，是为了让孩子在同学中脱颖而出还是为了陶冶孩子的情操？抑或是其他？如果家长因为功利而让孩子背古诗，实在没必要，尤其是年龄小的孩子。强制背诵只会造成孩子的记忆压力和心理压力。家长要明确让孩子背诵古诗词的动机和意义。其次，家长自己是否对古诗词感兴趣也很重要。因为连自己也不喜欢古诗词却强迫孩子背诵古诗词，那家长和孩子都会比较痛苦。如果家长自己对古诗词感兴趣，那么和孩子一起背诵，共同感受古诗词的美感是非常不错的。

兴趣至上，因时制宜。0～3岁是孩子的语言准备期，此时可以让孩子多听古诗词，通过磨耳朵的方式来培养孩子对古诗词的兴趣。3～7岁，孩子进入了语言发展的黄金期，此时进行适当的古诗文背诵是可以的，但切记不可以强迫孩子背古诗词。

丰富途径，方法多样。针对不同年龄段孩子的特点，可以有针对性地进行引导，帮助孩子体会古诗词的美感。比如，3岁以下的孩子主要通过听和唱来体会韵律美，感受诗词的朗朗上口；就读幼儿园的孩子可以通过听、读、唱、背等多种形式来熟悉古诗词。家长可以借助绘本、动画、电影等让孩子了解一首诗的内容、情感，从而有美的感受，有美的享受。

核心提醒

1. 古诗词很有韵律美，而且将文字和情感表达的丰富多样性展现得淋漓尽致。如果孩子能够有一定的古诗词阅读和背诵量，那么对于孩子的语言、情感表达和文学审美等能力的培养无疑是非常有好处的。

2. 不能一概而论，要具体看家长的期待、孩子的兴趣等再来决定是否让孩子背诵古诗词。切忌强迫孩子。

40 如何给宝宝阅读启蒙？

案例

登登是个调皮的3岁小男孩，爸爸很想培养他的阅读习惯，可是每次读不到两分钟，登登就坐不住了，各种小动作不断。几次下来，爸爸的耐心都快磨光了，不知道怎么才能坚持下去。书是一颗传递知识的种子，阅读以书为媒，让孩子开阔视野，增长见识，锻炼各方面的能力。早期的阅读启蒙对孩子阅读习惯和兴趣的养成至关重要，那如何给他进行阅读启蒙呢？

专家解答

固定的阅读时间。每天安排相对固定的阅读时间，才能形成相对稳定的阅读习惯。选择固定时间进行亲子阅读，比如早晨，中午，入睡前花5分钟、10分钟都可以。美国教育家霍瑞斯·曼说：“假如每天你能有15分钟的阅读时间，一年后你就可以感到它的效果。”

舒适的阅读环境。著名作家博尔赫斯曾说过：“我总是想象天堂将如同图书馆一般。”家长应为孩子建构一个小窝，一个阅读的天堂，为孩子创设舒适惬意而又童趣化的阅读环境，以吸引孩子进来阅读。在家中选一个光线充足的房间或角落，放置一张书桌，准备一个小书架，地面可以铺设一块卡通图案的地毯，孩子可以随意选取自己喜爱的书籍，坐在松软的地毯上或是书桌前放松自在地去阅读。

合适的阅读书目。根据孩子的年龄选择合适的书目，不需要追求专业性。共读的目的是帮助孩子对读书产生强烈的欲望，让孩子发现读书的乐趣。家长应该对孩子的读物进行内容和形式上的双重把关。家庭藏书应立足“有趣”和“实用”。专家一致认为，绘本是最适合年幼孩子阅读的图书形式。

适合孩子年龄特点的阅读方法。家长是孩子的第一位老师，也是最重要的老师。阅读方法和策略的选择要因人而异、因文而异、因时而异、因地而异。对于1～3岁的孩子，可以将玩耍、音乐等与阅读结合起来，边玩边读；也可以通过改变音调、夸张表情、改变速度等方式吸引孩子注意。这时候，书籍对于孩子来说可能只是玩具，家长只需要让孩子对阅读感兴趣就可以了。

核心提醒

1. 早期阅读启蒙对于孩子养成读书习惯至关重要。

2. 家长可以通过固定读书时间、美化阅读环境、丰富阅读形式等方式激起孩子阅读的兴趣，并和孩子一起坚持下去。

41 如何读懂宝宝的哭声？

案例

某宝4周龄左右，哭起来声嘶力竭且难以安抚，新手父母手忙脚乱，身心俱疲。婴儿期的宝宝还不会说话，只能用哭声表达需求或情绪，父母该如何分辨宝宝的哭声且积极应对呢？

专家解答

啼哭是婴儿与外界的沟通方式，是一种正常的反应，他们用啼哭表达饥饿或是需要安抚。在出生后的几周内，婴儿会出现难以抚慰的烦躁期，一旦哭起来便声嘶力竭。小婴儿啼哭的第一原因往往是因为饥饿，其次可能是由于温度的变化刺激，比如，冬天换尿片时擦拭屁股的湿纸巾带来的寒冷，或是输液扎针带来的突然疼痛的刺激。同时，婴儿会在听到其他婴儿哭声后跟着哭，所以新生儿病房里往往是哭声一片。

有些婴儿的哭声尖锐刺耳、短促，这往往可能是因为先天脑部有损伤或是患有妊娠及分娩并发症。此外，在6个月前，婴儿容易受肠绞痛困扰，因此也容易发出尖锐刺耳且难以安抚的哭声。新手父母需要在婴儿啼哭时分辨原因，给出积极的应对。

核心提醒

安抚啼哭中新生儿的方法如下：

1. 轻声跟婴儿说话，发出有节奏的声音，如钟摆嘀嗒声、电扇呼呼声或是发出吁吁声。持续单调且有节律的声音为宜。

2. 按摩婴儿身体。用连续、轻柔的动作抚摸婴儿的躯干和四肢，放松其肌肉。

3. 用襁褓裹住婴儿。限制活动和增高温度往往可以使小婴儿平静下来。

4. 将婴儿放置在摇篮或婴儿车里摇晃或推动。任何一种连续、轻柔、有节律的运动都可以帮助婴儿睡去。

5. 将婴儿直立怀抱着走动。身体接触、直立姿势与移动相结合，是安抚小婴儿，使他们安静下来的有效办法。

42 宝宝的微笑，你懂吗？

案例

某宝刚出生1个月，喝奶时常常笑容满面。妈妈发现宝宝会笑，就会经常说话逗她。但是对于妈妈的语言，宝宝似乎没什么反应，从不回应笑容，这是为什么呢？伴随着宝宝出生后的慢慢成长，他们的微笑越来越多。关于宝宝的微笑，你懂吗？

专家解答

研究表明，微笑有助于婴儿释放体内的某些成长激素，有助于他们的大脑发育和整体发展。家长应该学会发现婴儿的微笑并给予回应，这可能成为宝宝学习如何社交及与他人建立关系的基础。怎样读懂新生儿的微笑呢？

宝宝在出生的最初几周，在饱腹时、快速进入睡眠时或者感受到父母轻柔的触摸、听到父母温柔的声音时，都会微笑。这种微笑往往是无意识的嘴角抽动，属于肌肉神经发育的特征。满月后，宝宝会对活动的、引人注目的或者明亮的物体微笑。有些宝宝在6～10周时便可以因与父母互动而产生微笑。这往往是与宝宝的知觉能力发展同步的。

宝宝的社会性微笑通常是在3～4个月时出现的，一开始是因为外界的活跃刺激，比如亲亲他的肚子，或者对其说“我要抓到你了”。慢慢地，宝宝就可以识别出父母的幽默。6个月左右，宝宝在与熟悉的养育者互动时，会更多地呈现出微笑或大笑。

核心提醒

鼓励宝宝多微笑可以尝试以下办法：

1. 用婴儿的语言与宝宝互动交谈。
2. 父母多对宝宝微笑，以微笑换取微笑。
3. 玩游戏如躲猫猫，同时发出有趣的声音。
4. 说话时眼神要关注宝宝，保持眼神交流。
5. 有趣的面孔伴随搞笑的声音，如做鬼脸并对其说“我要抓到你了”。

43 宝宝是如何"咿呀"学语的？

案例

我的宝宝3个月了，经常发出"咿咿呀呀"的声音。我怎样才能读懂"婴语"？宝宝是如何"咿呀"学语的？

专家解答

满月之后，宝宝就能够"咿咿呀呀"地说话了。6个月之前宝宝的发音主要是他自发的，而半岁之后的发音主要来自他对成人发音的模仿。

满月之后，宝宝开始越来越多地发出不同的音节，比如，"o（喔）""ɑ（啊）"等音。百日后，小家伙能够像唱歌似的发出一些音，还会用非常有特点的喊叫来表达自己的喜悦和高兴的情绪。3个月之后，宝宝经常自言自语，比如在清晨或者喝奶后，独自躺在小床上"咿咿呀呀"地说个不停。在最初的5个月里，宝宝的发音不受他所成长的文化环境的影响。不同文化背景的宝宝能够发出同样的音。

6个月以后，宝宝的发音能力有了进步，能够发出一些"o（喔）""ɑ（啊）"的音，还能够发出"g（哥）""m（摸）"的音，甚至能够进行组合，发出"gɑo（高）""mei（美）"等音。

7～8个月时，宝宝开始直接模仿他熟悉的音节。8～10个月时，宝宝就能发出更多的组合音，比如"tɑ""mɑ""bɑ""pɑ"等。这个时候宝宝的发音还没有称谓，也就是通常说的叫人的意思，他只是会发"mɑmɑ""bɑbɑ"的音，还没有把它们当作一种称呼。不过，用不了多久，宝宝就真的会叫"妈妈""爸爸"了。宝宝会叫"妈妈""爸爸"的年龄也是有差异的，有的宝宝会叫得早，有的宝宝会叫得晚。这都是正常的现象。

核心提醒

1. 宝宝6个月之后，如果发音能力减弱或者逐渐丧失，则要引起重视，及早去医院进行诊断。

2. 宝宝会叫"妈妈""爸爸"的年龄是有差异的，是正常的现象。

44 如何促进宝宝的语言发育?

案例

小可9个月就会说“爸爸”“妈妈”，1岁多能发出“打”“走”等音，但到3岁了，他还是只会说“爸爸”“妈妈”“打打”“走走”这样简单的词语，要吃东西就指指自己的嘴巴，要去尿尿就指指他的小马桶。经咨询专家发现是家庭教育的原因导致的。原来小可是由老人带大的，老人对孙子非常溺爱，要什么就给什么，不等孩子说出来，东西就已经递到手里了。老人不怎么带小可出去玩，担心小可是从乡下来的，会被欺负。小可爸爸妈妈上班又很忙，总是很晚才回家……

专家解答

宝宝语言的发展受到家庭教育的影响，我们在家庭中该如何促进宝宝语言的发展呢?

0～1岁是婴儿语言的准备期。此时，可以通过以下方式促进宝宝的语言发展：一是积极引导宝宝发出声音。家长以亲切的语言或摇铃铛、打响舌等方式逗弄宝宝，引起宝宝的注意和发音。二是创造互动机会多和宝宝说话。如家长边换尿布边说：“宝宝尿尿了，尿湿了不舒服是吗？”三是鼓励宝宝感知物品并使其将听到的语音与物品相结合。如家长引导宝宝看着苹果并告诉宝宝：“这是苹果，红红的苹果。”

1～3岁是婴儿语言的形成期。此时，可以通过以下方式促进宝宝的语言发展：一是通过多种途径训练宝宝的听力，包括聆听各种声音，如流水声、鸟叫声、开关门窗的声音等；通过听音游戏辨别声音的方位；跟随音乐的高低节奏进行有轻重的拍手等。二是引导宝宝听故事、学儿歌。家长选择经典的儿童故事讲给宝宝听，满足宝宝爱听故事的愿望，让宝宝从小感受规范、优美的语言。三是提供合适的图书画报。家长选择色彩鲜艳、主题明确的图书画报与宝宝共同阅读，培养宝宝对阅读的兴趣。四是结合日常生活对宝宝进行随机教育，如在游戏中激发宝宝大胆表达的意愿，在生活中培养宝宝发准语音、规范用词的好习惯。

核心提醒

0 ～ 3 岁是宝宝语言发展的关键期，家长应为宝宝创造一个自由、宽松的语言交往环境，支持、鼓励、吸引宝宝与家人、同伴或其他人交谈，让其体验语言交流的乐趣。

45 怎样培养宝宝的表达能力？

案例

女儿最近好像有很强烈的说话欲望，我该怎样培养她的表达能力？

专家解答

父母应该尽可能多地给宝宝倾听和表达的机会。日常生活中多让宝宝和父母以及其他照顾人说话。父母对于宝宝的语言发展有着重要的促进作用，正确的做法有以下几种。父母对宝宝说话时采取认可的态度，认真地倾听宝宝的话语。

只要宝宝说的话不影响理解，就不要急于纠正宝宝表达上的错误。

父母可以用正确的方式重复宝宝的话，来示范语言的正确表达方式。

不要用“儿语”来和宝宝说话。有的父母喜欢模仿宝宝的说话方式，用“吃饭饭”“看书书”这样的儿语和宝宝说话，这是不正确的。宝宝这样说话，是因为他的表达能力还不发达。父母跟宝宝说话时应该用标准的语言表达方式，这样才能给宝宝一种正确的语言示范，有利于宝宝模仿。

核心提醒

1. 多给宝宝创造语言沟通的环境。
2. 多给宝宝倾听和表达的机会。

46 宝宝发脾气怎么应对?

案例

宝宝最近特别喜欢发脾气， 我该怎么办?

专家解答

随着年龄增长，宝宝的脾气似乎也在长。比如，困了，累了，或者积木总搭不好，饼干掉了，宝宝都可能不高兴而闹脾气。宝宝有了更多的想法、愿望，但是能力还不够，往往实现不了，因此常会感到沮丧。宝宝发脾气通常有各种原因，发脾气是他内心各种感受的表达。父母要细心观察，了解宝宝的需要和感受，才能更好地帮助他。

对于宝宝发脾气的解读可见下表。

宝宝的状态	脾气解读
有情绪	“我生气了。”“我害怕了。”“我嫉妒。”
不舒服	“我累了、饿了或生病了，没有精神，所以我不想玩了，我想睡觉或让妈妈抱会儿。”
想独立	“让我自己吃饭吧。”“别扶着我的车，我自己骑。”“别把手放在车上，我想自己到处转转。”
感到受挫	“我系不上鞋带。”“你没有理解我。”“我搭的积木不高……妈妈帮帮我，跟我一起想个办法。”
感到被拒绝	“妈妈不给我买小火车，她是不是不喜欢我？”“妞妞不让我玩她的玩具，我很伤心。”
想要爱和关注	“妈妈为什么看都不看我？只有发脾气，妈妈才会抱我、哄我、在乎我。”“你们都不理我……”
想释放情绪	“妈妈终于回来了。刚才我好紧张呀。让妈妈好好安慰安慰我。”“在外面我很害怕，现在回家了，得让我哭会儿。”
想让父母妥协	“我要一直哭，反正上次我哭你就心软了。”

宝宝情绪丰富了，强烈了，但控制情绪的能力还没有发展起来，需要父母多多帮助他。一是转移注意力。转移注意力是一种有效的缓解情绪的方法，对这个年龄段的宝宝很适用。二是对宝宝的情绪表示理解和接受，让宝宝的情绪得到缓和。比如，对宝宝说：“我知道，这些积木你搭了好几次都没有搭好，心里会很不舒服。”也可以轻轻抚摸他的背，

让他在怀里好好哭一哭，这样会让他感觉好些。这样做并不是在宠他，而是在教他处理情绪的技巧。父母帮助宝宝的最终目的不是阻止宝宝发脾气，而是让他学会如何平复心情、控制情绪。

核心提醒

接纳宝宝发脾气的情绪，了解情绪背后的原因，帮助宝宝表达情绪。

47 3岁孩子在公共场合撒泼打滚哭闹怎么办？

案例

我家孩子今年3岁了，我现在很怕带他出门。不管是出去玩，还是逛超市，只要有一点不顺心就开始哭，有时候还往地上躺。每当他在闹情绪的时候，看到旁边很多人都看着我们，我就更着急了，好像大家的眼神都在说："这孩子怎么这么吵闹，家里没教好！"其实我在家哄也哄了，骂也骂了，也尝试着拿玩具转移注意力之类的，都没用。有时候越说，他就哭得越厉害。我要怎么办呢？

专家解答

面对孩子的哭闹，宝爸宝妈通常都有希望孩子马上不哭的迫切心情。那么，如果遇到孩子在外面哭喊的情况时，宝爸宝妈应该怎么办呢？

耐心安抚，找到孩子闹情绪的原因。在公众场合的压力下，很多家长急于摆脱尴尬的处境，证明自己不是不管教孩子，会立马当着大家的面训斥宝宝："哭什么哭！不许哭！""就知道哭！吵到别人啦！"其实，没有人喜欢哭，每一个孩子的哭闹都是有原因的。他之所以哭有可能是因为身体不舒服，如摔倒了或肚子痛等，也可能是心理的需求没有得到满足。当孩子用哭闹的方式表达内心的不舒服时，父母要允许孩子表达自己内心的难受。抱着孩子拍拍他的后背，可以迅速让孩子安静下来，或者可以适当转移他当前的注意力，摆脱对当前事情的情绪。等他冷静下来后，再问问他："你现在很难受是吗，可以和我说说吗？"接受孩子的情绪，会让孩子感受到自己的情绪是可以被接纳的，是可以安全表达的，而不会因此受到家长的指责。反之，一味地不让孩子哭，只会适得其反。

选择合适的时机和孩子沟通。等孩子停止哭闹，安静下来，才是开始讲道理和教育的时候。沟通前，家长要先清楚孩子的需求是什么，为什么在刚刚的场合里要表示出自己的难受。家长要注意不加评判地聆听。等孩子清楚地表达完自己的需求后，他会感受到自己被尊重了，才愿意听家长的想法。注意沟通的时间不能间隔太久，否则孩子容易忘记。

日常加强规则教育，与孩子一起制定规则，及时强化积极行为。对孩子从小进行规则教育是非常重要的，不要总是认为规则是为年龄稍大的孩子建立的。规则是需要从小建立的，一点点地渗透更具有教育性。等孩子情绪平复后，家长再与孩子一起制定规则，比如约定一周买一次玩具、玩具价格限定在多少钱以内等。与孩子约定好的事情，孩子就愿意遵守了。平时也要在外出前说清楚规则。孩子养成这样的习惯就不怕再在公众场合出现一些过激的行为。

核心提醒

1. 当孩子哭闹时，父母不要激动，要理解和接纳孩子的情绪，保持冷静。

2. 可以转移孩子的注意力，让其冷静下来。

3. 不要用威胁的方式让孩子服从。当下孩子可能会服从，但内心是恐惧的。这样会让孩子的安全感减弱，变得更黏人。

48 如何培养宝宝快乐稳定的情绪?

● 案例

某宝 1 岁，遇到陌生的环境或人，容易哭闹。父母不在身边时表现得情绪不安。父母看到此情况，很想知道如何能培养宝宝快乐稳定的情绪。孩子情绪的稳定对于其健康成长极其重要，如何在 0 ~ 3 岁时期，培养宝宝快乐稳定的情绪呢?

● 专家解答

多项研究表明，父母敏感的养育形式可以培养出宝宝的安全型依恋，其表现的情绪稳定状态更好。敏感的养育是指对婴儿做出快速、一致、恰当的反应，温柔地抱着他们且照顾周到。面对面游戏能够增强婴儿对别人情绪信息的反应性，也有助于宝宝调节情绪。

美国著名心理学家爱利克·埃里克森认为，只要父母的和谐养育是富有同情心、充满爱的，宝宝就容易具备信任感，情绪保持快乐稳定。具有基本信任感的宝宝期望世界是美好和令人心安的，因而能自信地探索外部世界。缺乏信任感的宝宝不相信别人是友好的，因此，充满怀疑和担忧。

宝宝需要在最初的几年里对父母建立起足够的信任，才能形成安全感而建立稳定的情绪。

核 心 提 醒

1. 父母情绪暴躁冲动，宝宝很容易受其影响。

2. 父母对宝宝的期望和宝宝的能力成反比。对宝宝要求过高、过于严厉，容易导致宝宝情绪不稳定。

49 如何对待宝宝的痛苦和悲伤？

案例

晓华是2岁孩子的妈妈，她焦虑地说：“我家孩子尿湿了裤子，哭；肚子饿时，哭；有时候奶粉冲得慢了点，她便手舞足蹈地边哭边打自己；看到其他小朋友有她喜欢的玩具，而自己没有，哭。别的小朋友拿了她的玩具玩，她怯怯地情绪低落，看起来很痛苦。有时候我急着上班，她悲伤地哭得哇哇叫，拉着我的裤腿不让我离开家。当妈怎么这么难啊？”宝宝的这种痛苦和悲伤情绪，家长如何处理呢？

专家解答

宝宝痛苦和悲伤时，会有表情的变化和行为的异样。大多数孩子会以哭的方式表现出来，但也有些宝宝不哭不闹，只表现出不开心、伤心的表情。或者平时活跃得说个不停，突然变得极其安静。当宝宝有这些表情变化、行为异样的时候，家长一定要及时发现。

家长发现了宝宝的痛苦和悲伤后，要了解原因。导致宝宝痛苦和悲伤的原因可能是：一是身体上的不适。如宝宝尿湿、拉便便、饥饿或生病引起身体上的不适。二是其他需要得不到满足。如当宝宝需要家长陪伴的时候，家长离开了；宝宝需要玩伴的时候，却没有玩伴陪他玩；想得到某样玩具而得不到的时候。

根据引起宝宝痛苦和悲伤的原因，采取有效的解决方法。如果是生理上的不适，要及时地解决。尿湿了、拉便了马上更换干净的尿片和裤子，饿了及时喂食减轻饥饿的不适感，生病了及时看医生减轻生病的不适感。如果是其他需要得不到满足，家长可以通过动作拥抱、语言引导等形式来安抚宝宝，缓解宝宝的痛苦和悲伤。

同时，家长要学会接纳宝宝的痛苦和悲伤。允许宝宝难过和哭泣。每个人都需要宣泄悲伤的渠道，家长不要因为宝宝哭泣就生气。哭泣是悲痛的一个步骤，会有助于宝宝的恢复。宝宝并不是在任何时候都勇敢和坚强的。同情和倾听更能帮助宝宝缓解悲伤，也会让父母和宝宝更亲密。鼓励宝宝表达情感。一定要给宝宝抒发他们内心情感的机会。

核心提醒

1. 宝宝的身心健康很重要，要重视宝宝的痛苦、悲伤等负面情绪。
2. 及时发现宝宝的痛苦和悲伤，寻找引起宝宝痛苦和悲伤的原因。
3. 接纳宝宝的痛苦和悲伤，根据原因，采取措施，积极缓解其负面情绪。

50 如何缓解宝宝的分离焦虑?

案例

菲菲小时候是一个天使宝宝，好吃好睡，谁抱都行。妈妈有时要外出，她也乖乖跟爷爷奶奶在一起。可是，随着菲菲慢慢长大，她只要看到爸爸妈妈要去上班，就会开始哭泣，要跟着爸爸妈妈走，有时妈妈进了电梯都还能听到菲菲在家里的哭声。这让妈妈心酸极了。

● 专家解答

您的宝贝有没有菲菲这种情况呢？面对宝宝的这种分离焦虑，我们该怎么办呢？

分离焦虑主要是指宝宝在同家人分开的时候产生的哭闹、不安、不愉快的情绪反应，是宝宝在和家人产生密切关系后不愿意与其分开而产生的。分离焦虑在6个月到3岁的宝宝中是非常常见的。

当宝宝有分离焦虑时首先要警惕偷偷离开、爸爸妈妈有情绪、批评宝宝等做法。这些行为不仅不能缓解宝宝的焦虑，还有可能造成伤害。建议尝试以下做法：一是从心理上认识到宝宝在爸爸妈妈离开时会有哭闹的行为是正常的，调整好自己的情绪。二是帮助宝宝提前适应分离焦虑。当爸爸妈妈第一次要长时间离开宝宝时，不妨提前与宝宝做一些短时间分开的练习。比如，告诉宝宝你要去另一个房间，当宝宝哭闹或者呼唤你的时候，你可以用声音回应他，让他知道你还在；也可以和宝宝玩捉迷藏的游戏，让宝宝知道爸爸妈妈虽然短暂看不见，但他们还是会再出现的。三是准备正式简短的告别。可以准备5～10分钟的和宝宝告别的时间，用愉快的情绪告诉他，爸爸妈妈要上班去了，并约定好回家的时间，让宝宝有明确的期待。安抚好宝宝情绪之后，愉快且果断地离开。四是给宝宝足够的安全感。分离焦虑其实也说明宝宝对父母的依赖。所以，每天下班回来后记得给宝宝一个大大的温暖的拥抱，日常陪伴也要加强肢体接触动作，如拥抱、亲吻等，让他感受到爸爸妈妈的爱与安全感。同时，家长还可以提前选好信赖的“接班人”，一起来照顾宝宝。让宝宝熟悉和习惯多人看护，可以减轻与家长分开时的焦虑，对以后适应幼儿园生活也有帮助。

核心提醒

1. 应对分离焦虑，是宝宝的成长，也是家长的一次成长。

2. 当宝宝出现分离焦虑的时候，家长要尽可能多理解，给予他足够的安全感，让宝宝感受到来自父母的爱。

51 安全感对宝宝成长有哪些重要意义？

● 案例

小李是位新手妈妈，眼看产假就要结束了，她很发愁：一旦上班了，谁来帮忙照顾宝宝呢？爸爸小刘主张把宝宝送回老家托付给宝宝的外公外婆照顾，父母逢长假回去看宝宝，等宝宝上幼儿园了再接回父母身边。小李坚决反对。小李为什么反对呢？这涉及宝宝的安全感问题。

● 专家解答

安全感是发展健康人格的起点。根据美国心理学家爱利克·埃里克森的人格的社会心理发展理论，每个人在成长的不同阶段都会经历一定的冲突，需要完成不同的心理任务。宝宝出生后的第一年，最重要的社会心理任务是建立与主要照料人（通常是妈妈）之间的信任。案例中如果宝宝被强行送到外公外婆身边照顾，与父母分离，必定不利于宝宝安全感的建立。只有当宝宝有了安全感，贯穿他一生的健康人格的发展才有了良好的开端。

安全感是宝宝自信和勇气的基石。宝宝有了安全感，就会保有对新事物的好奇心，并有勇气去尝试满足自己的好奇心，积极探索新事物。

安全感有利于良好人际关系的建立。宝宝与妈妈关系的建立，是宝宝降临人间的第一次关系体验。有安全感的宝宝信任世界，情绪较稳定。宝宝长大后，无论是一般的人际交往还是经营恋爱、婚姻中良好的亲密关系都会更加顺利一些。安全感不是一成不变的。一旦意识到宝宝的安全感受损，照顾者需要尽快调整过来，给予宝宝稳定的照顾，以助宝宝重获安全感。

核心提醒

1. 安全感是发展健康人格的起点。
2. 安全感是自信与勇气的基石。
3. 安全感有利于良好人际关系的建立。

52 如何培养宝宝的安全感?

案例

现在都说宝宝早期的安全感很重要，那么我该如何培养宝宝的安全感呢?

专家解答

及时、准确的回应。宝宝在1岁以前通常是用哭声来表达需求。父母听到哭声后要立即查看：饿了，给吃的；尿了，更换尿布；生病了，赶紧看医生等。这样宝宝就会感到他是世界的中心，世界于他是安全的、可控的。

和谐的家庭氛围。家庭氛围是宝宝成长的软环境。在一个散发着宁静、温暖和谐、愉悦的家庭氛围里，宝宝能平安、舒适地成长。反之，家庭成员之间的争吵或者彼此冷漠，是培养宝宝安全感的大忌。

妈妈平和稳定的情绪状态。宝宝在3岁前，特别是哺育期，妈妈是最重要的照料者。妈妈充满爱意的目光、柔语、笑意、拥抱乃至体香，都让宝宝无比迷恋。一个情绪平和、稳定、愉悦的妈妈，就是宝宝健康成长的安全基地，带给宝宝充足的安全感。

相对固定的照料者。宝宝的主要照料者频繁更换，易给宝宝造成分离创伤。主要照料者比较固定，才有利于宝宝对照料者形成安全依恋关系，获得应有的安全感。当宝宝不得不跟妈妈分离时，要妥善抚平分离带来的痛苦。如给宝宝一个关于分离的解释，选择宝宝喜欢的替代物：可爱的玩具、绒布娃娃、妈妈的照片等，减轻宝宝的焦虑。同时选择喜欢宝宝、对宝宝的需要非常敏感的替代照顾者。

核心提醒

1. 要及时、准确地回应宝宝的需要。
2. 和谐的家庭氛围。
3. 妈妈的平和。
4. 相对固定的照料者。

53 如何培养宝宝形成安全的依恋关系？

案例

张奶奶最近忧心忡忡。她发现无论宝宝睡着还是醒来，儿媳的注意力都在手机上，哪怕是正在哺乳，也常常是眼睛盯着手机。张奶奶听过育儿课，她认为这样不利于母婴之间安全依恋关系的形成。那么，父母如何与宝宝形成安全的依恋关系呢？

专家解答

安全依恋建立的基础是妈妈的拥抱，而非乳汁。依恋是从宝宝的角度来看待什么是安全和保障，而不是给宝宝吃饱穿暖就可以的。妈妈给予宝宝的拥抱及拥抱带来的舒适感、情感上的支持才是宝宝和妈妈建立依恋的基础。

父母成为敏感的养育者。敏感型的养育者总是能在第一时间接收到、分辨出宝宝发出的各种信号，给予及时、恰到的满足。同时还能让养育行为与宝宝的自身气质相匹配。

父母用积极的情绪影响宝宝的情绪表达。“宝宝好可爱！宝宝好乖！”宝宝能从此类话语中体验到妈妈愉悦的情绪，感受到妈妈对自己的爱与接纳。“不要爬过去，那里脏！”这类话语则会让宝宝感觉到妈妈的消极情绪，体验到生气、恐惧、挫折感。宝宝越小，父母就越要有耐心，多表达积极的情绪、支持和关爱，这样将非常有助于宝宝认识情绪、表达情绪和调节情绪。

创造安全稳定的环境供宝宝尽情探索。父母对房间的布置要做适当的调整，尽可能排除或减少宝宝在活动中存在的安全隐患，充分满足宝宝不断增长的探索愿望。

核心提醒

1. 安全依恋的基础是妈妈温暖的拥抱，而非乳汁。
2. 成为敏感的养育者。
3. 用积极的情绪影响宝宝的情绪。
4. 创造安全稳定的环境供宝宝尽情探索。

54 宝宝过分依赖安抚物怎么办?

案例

我家宝宝1岁半，无论在客厅玩还是在卧室睡觉，都会抱着一个布娃娃或者小枕头，又或者是一个舒服的小被子。没有这些他会觉得不踏实。如果有一天他一觉睡醒发现，这些他喜欢的物品被家人拿走了，他肯定会哭闹不止。

专家解答

安抚物的出现是宝宝开始构建自身安全感的里程碑。宝宝对安抚物的依赖，本质上是一种心理依赖行为，是婴幼儿时期重要的心理需求。宝宝大多在6个月至3岁时出现这种行为，从妈妈温暖的怀抱、头发、耳朵、味道，慢慢过渡到一个小奶嘴、口水巾、小毛毯、挂在床头的玩具……这些都是宝宝的安抚物。安抚物的出现，是宝宝开始构建自身安全感的里程碑，是宝宝身心健康成长的进步表现。

安抚物是宝宝化解压力的一种有效方式。安抚物的存在，可以让宝宝更有勇气面对压力。对安抚物的依恋越强，就越能适应压力。宝宝的依赖行为通常会在3岁后逐渐消失。如果3岁以后宝宝对安抚物的依赖依然很强，且在人际交往时显示出抗拒和逃避，就需要找准原因，积极干预。

用高质量的陪伴帮助宝宝度过过分依赖期。充分理解宝宝对安抚物的依恋属于心理需求，走进宝宝的内心，从宝宝的角度去理解他的不安和需求，找到宝宝的压力所在，并帮助其释放。适当改变环境或调整生活习惯，脱离熟悉的环境，用新奇的外界感官刺激及丰富的活动，逐渐消除宝宝与安抚物分离的不安。父母应多给予宝宝高质量的陪伴和关爱，多给予宝宝温暖的拥抱，让自己成为宝宝的安抚物。

核心提醒

1. 对安抚物的依赖，是宝宝的一种重要心理需求。
2. 安抚物是宝宝化解压力的一种有效方式。
3. 高质量的陪伴能帮助宝宝度过对安抚物的过分依赖期。

55 为什么宝宝突然“认生”了?

案例

蒙蒙是个特别可爱的孩子，邻居见了都喜欢逗逗她。以前，谁抱都可以，只要逗逗她，她就会笑。可是，半岁以后她突然像换了个人似的。别人一抱她，她就哭。蒙蒙的妈妈很苦恼，这孩子怎么越大越胆小了呢?

专家解答

半岁以后，宝宝与父母还有他们所信赖的人之间的关系发生了一些变化，主要的表现就是他怕与自己信赖和熟悉的人分开，这也叫作“分离焦虑”。

与分离焦虑相联系的还有一个表现，那就是“认生”。宝宝半岁以后，会明显地表现出害怕陌生人的特点，拒绝陌生人抱，看到陌生人的脸会哭。

宝宝认生，表明宝宝能够把自己熟悉的人和陌生人区分开来了，并愿意把自己托付给所信赖的人。

核心提醒

1. 宝宝“认生”是成长的表现。
2. 认生表明宝宝能把自己熟悉的人和陌生人区分开来了，不是胆小的表现。

56 宝宝不会说话，就不能跟他“聊天”了吗？

案例

乐乐的妈妈发现小家伙还挺喜欢跟妈妈说话的。给他换尿布、换衣服的时候，宝宝都“咿咿呀呀”地说个不停。妈妈也想跟孩子说说话，可是，这么小的孩子该怎么跟他说话呢？

专家解答

白天，大人会有很多机会和宝宝对话，给他喂奶、换尿布、洗澡或者放在床上睡觉的时候，都可以与他说说话。宝宝非常喜欢这样的“聊天”活动。

在和较小的宝宝说话时，因为宝宝对语言的理解能力还非常有限，因此应该采用一种独特的“放慢、夸大、重复”的方式。也就是说，说话时，放慢说话的速度，夸大表达的方式，并重复所说的话。除了语言之外，父母的表情和动作也要遵循这个原则，因为，这些表情和动作是一种非语言的交流方式。但是要注意，宝宝很小的时候，注意力维持的时间非常有限，如果宝宝感到累了，就不要再和他说话了。

半岁之后，宝宝能够听懂一些话了。父母和宝宝交流的时候，就要有意识地让他去了解一些事物的名称和含义了。也就是说，在父母和宝宝一起活动的时候，要配合一些语言，比如，给宝宝穿衣服的时候，就告诉他：宝宝穿“衣服”，伸“胳膊”，戴“帽子”等。宝宝会看到、听到并感受到父母所说的一切。

核心提醒

多和宝宝互动、说话，有利于宝宝的语言发展，增进亲子感情。

57 宝宝不再那么“听话”了，怎么办？

案例

宝宝1岁以后变得越来越有主意了，总是坚持自己的想法，有的时候不满足他的要求，就会耍赖，哭，甚至躺在地上打滚。宝宝怎么越大越难管了？

专家解答

其实，宝宝的这些行为表现是宝宝发展的一种特点。随着宝宝自我意识的萌发，他们越来越希望能表达自己的意愿了。

那么，这个年龄段的宝宝的自我发展有什么特点呢？

首先，认识自我。宝宝在1岁以前也喜欢照镜子，但那个时候他还不能认识到镜子中的人就是自己。1岁以后，宝宝甚至还会出现对镜子中的人害怕、躲避的现象。到了1岁半以后，宝宝就能够在镜子中观察自己，并且知道镜子中的人就是自己了。

其次，表达自己的愿望。1岁以后的宝宝开始越来越想表达自己的愿望。他希望能够自己做出决定和行动。如果受到了现实的限制而不能实现自己的意愿，就会表现出生气、大哭大闹等行为。

最后，逆反心理。固执地坚持自己的要求，而对大人的要求说“不”。宝宝的逆反心理最早从1岁就开始了，2岁时表现得比较明显。有的宝宝的逆反心理会一直持续到幼儿园时期。

核心提醒

1. 宝宝不那么“听话”是自我意识发展的结果，父母不要过于担心，不要过多去掌控宝宝。
2. 在安全的前提下多给宝宝一些自由和探索的机会。

58 如何引导宝宝学会分享？

案例

诚诚和小朋友一起玩的时候常常护着自己的玩具，别的小朋友凑过来想一起玩，诚诚就会大声尖叫：“我的，这是我的，不给你玩。”说完还把玩具往背后藏。如果小朋友伸手来拿诚诚的玩具，诚诚还会用手推搡对方。

专家解答

如果您的孩子像诚诚一样不会分享，该怎么办呢？别着急，几个方法教您引导宝宝学会分享。

通过交换来学会互相分享。当宝宝想玩别人的玩具而别人不愿意时，可以让他用自己的玩具和别人交换，并告诉宝宝这就是互相分享，每个人都可以有一个新玩具。这样宝宝就能明白分享的重要，也乐于分享。

及时表扬宝宝的分享行为。如果宝宝做出分享行为，家长要表现得非常开心，给宝宝点赞，夸奖宝宝的分享行为，让宝宝体验到分享的快乐，知道分享是被赞许的行为，从而激励他继续这种行为。

家里的东西不要让宝宝独享。有的家庭可能会有这样的情景：家里买了好吃的东西，大人谁都不吃，全部给宝宝吃，无意中养成宝宝“唯我独尊”的心态，不利于宝宝学习分享。

做出分享的榜样。大人的一切行为，宝宝都看在眼里，会跟着模仿学习，“以身作则”对宝宝来说是最好的引导。家长可以有意识地在宝宝面前与家庭成员分享自己喜欢的东西。接受分享的人要真诚地说谢谢。营造乐于分享的家庭氛围，让宝宝意识到分享是件快乐的事。在家庭以外，家长也要做出分享的榜样，宝宝会受到潜移默化的影响，进而学会分享。

一定要记住，分享意识的建立是缓慢的，循序渐进的，家长切勿心急。

核 心 提 醒

1. 随着自我意识的逐步增强，宝宝开始学会说“不”，开始在乎“自己的”东西，常常认为凡是他能够得到的东西都是属于他的，尤其是喜欢的东西，如他的玩具、坐过的凳子、食物…… 不肯与人分享也是自然的。这也是此阶段宝宝的常见行为。

2. 家长不必过于焦虑，切不可强迫宝宝，或抢过宝宝手里的东西分给别人。这样除了惹得宝宝拼命反抗和哭闹之外，并不能教会宝宝学会分享，还可能会让宝宝产生恐惧心理，更加不愿意分享。

59 同伴关系对宝宝成长的影响有多大?

案例

作为家长，我们都希望自己的宝宝在集体中是受欢迎的，可以主动地融入小伙伴群体，与大家一起开心地游戏。嘉嘉的妈妈却发现自己的孩子内向胆小，不愿交朋友。有时带嘉嘉出去玩，明明旁边有许多同龄小伙伴，可嘉嘉却一直黏在自己身边，不想和小伙伴玩。如果仔细观察，还可以发现大部分3岁以下的孩子都是各玩各的，偶尔有些交集，但很快又回到自己的世界中。

专家解答

同伴关系对宝宝成长的影响有多大呢？家长要如何做才能帮助宝宝变成人见人爱、花见花开的社交小达人呢?

家长要了解宝宝的同伴关系发展的规律。儿童的同伴关系是儿童在交往过程中建立和发展起来的一种儿童间的人际关系。这种关系在儿童个性和社会性发展中起着成人无法取代的独特作用。宝宝从2个月开始就能够对同伴的出现和行为做出反应，如互相触摸和观望。进入3岁以后，在游戏中的互借玩具、语言交流及共同合作的行为逐渐增多。但在3岁左右时，宝宝之间的交往主要是非社会性的，以独自游戏或平行游戏为主，彼此之间没有联系，各玩各的。直到4岁左右，联系性游戏才逐渐增多，并逐渐成为主要的游戏形式。5岁以后，合作性游戏逐渐增多，同伴交往的主动性和协调性逐渐发展。

同伴可以培养宝宝的积极情绪、情感。由于年龄相近、身心发展水平相近，宝宝与同伴在交往时处于相互平等的状态，会表现出更多的喜悦与交谈。宝宝在同伴集体中被同伴接纳并建立友谊，有利于宝宝产生归属感、安全感，让他能够更积极主动地参加活动、与同伴分享快乐。这有益于宝宝的发展。而缺乏同伴交往能力的宝宝，不能和同伴一起游戏，会产生孤独感和不合群行为，沉浸在消极郁闷的情绪中，从而对心理发展产生不利的影响。

同伴交往为宝宝提供了学习他人反应的机会。同伴之间通过接触产生互相影响，同伴交往能帮助宝宝形成自己的态度和价值观念。宝宝能在与同伴交往中学习如何与他人建立良好关系、保持友谊和解决冲突，怎样对待敌意和专横，怎样对待竞争与合作，等等。

这些都有利于宝宝摆脱自我中心，促进社会交往能力、社会认知等方面的发展。

同伴关系可以促进宝宝亲社会行为的发展。良好的社会交往能力对于宝宝步入社会后的成功有很大影响，而同伴交往能力正是他的基础。当宝宝面临陌生的情境时，好朋友在场可以起到与家长同样的作用，助其消除紧张和压抑。相对于没有同伴一起上学的儿童，与同伴一起上学的儿童更喜欢学校，适应性等不良问题更少。

核心提醒

1. 3岁前的宝宝之间的交往主要是非社会性的，以独自游戏或平行游戏为主，各玩各的。不要因此认为宝宝不合群，更不要强迫宝宝交往。

2. 家长可以通过一些方法帮助宝宝建立友好友善的同伴关系，如教宝宝学习自主交往的日常用语，通过游戏活动培养交往的兴趣，常带宝宝外出活动游玩，创设良好的生活环境，扩大交往范围。

60 如何给宝宝立规矩？

案例

彤彤已经2岁了，我该给她订立规矩吗？该如何订立？

专家解答

规矩对宝宝不但起着约束作用，也会使他感到安全，因为他知道自己怎么做才是合适的、安全的。懂规矩的宝宝举止得当，会更加受欢迎。因此，父母要为宝宝订立适当的规矩，并培养他遵守规矩的习惯。

给宝宝立规矩的要点包括：一是取得宝宝的同意。跟宝宝协商规矩的具体内容，让他了解为什么要立这些规矩，取得宝宝的理解和认同。二是要切实可行。要求宝宝做到的事要符合他的年龄和能力，不要对宝宝提出过高的要求。对宝宝违规的处置最好是可以立即执行的，并且不超出宝宝的承受能力，比如惩罚爱吃冰激凌的宝宝一周不能吃。避免无法执行的或者会给宝宝造成伤害的惩罚。三是规矩要简明。给宝宝立的规矩需要明确地说明他可以做什么、不可以做什么，做了不该做的事会有什么后果。两三条即可，因为太多宝宝会记不住。四是规矩订立后要严格执行。父母要严格执行立下的规矩，对宝宝的奖惩要兑现，不要按照自己的心情随意处理。今天这样，明天那样，在家一套，外边一套，会让宝宝糊涂，无所适从。

不同家庭对宝宝的要求可能是不同的。但是下面这几类规矩对宝宝的安全和健康成长很重要，父母不要忽视：一是安全的常规，包括在家和外出的安全。二是健康的常规，包括清洁卫生和饮食营养的规矩。三是人际的常规，包括对待别人和自己的规范。

核心提醒

1. 给宝宝立规矩要符合宝宝的年龄特点，切勿要求过高，要简洁明了。

2. 订立规矩后要严格执行。

61 宝宝为什么喜欢吃手指?

案例

小贝就像他的名字一样，是家里的宝贝，爸爸妈妈、爷爷奶奶怎么看都觉得小贝可爱极了。可是，小贝最近有一个行为让他们愁坏了——喜欢含着手指睡觉。平时只要爸爸妈妈不注意，小贝也会吃自己的小手指，并且吃得津津有味。

专家解答

您的宝宝会和小贝一样吃手指吗？这是怎么回事儿呢？爸爸妈妈该怎么办呢？

爸爸妈妈不要着急，我们首先要知道宝宝为什么爱吃手指。2～4个月的宝宝处于“口欲期”，这是宝宝人格发展的一个基础阶段。他们会通过吃手指来了解和感知世界。吃手指会给他们带来安全感。睡觉的时候吃手指的欲望会更强烈。

对于刚出生的宝宝而言，吸手指是很正常的行为，能给宝宝带来舒服感，降低焦虑。宝宝本来就有吸吮的反射和需求，而吸手指带来的满足感和吃母乳的感觉是不一样的。不让1周岁内的宝宝吃手指可能阻碍宝宝的发育，让其变笨。1岁内宝宝吃手指能让他对世界建立最早的认知和自信心，维持快乐稳定的情绪。

虽然宝宝吃手指的行为普遍又正常，而且好处多，但是手上有细菌还是让爸爸妈妈很担心。因此，我们需要保持宝宝的手部清洁，这样就不用担心他会因为吃手指而生病了。如果宝宝到2岁多还是爱吃手指，我们就可以使用别的物品代替。同时，家长要多陪伴宝宝，因为宝宝太无聊时也会吃手指。

核心提醒

1. 宝宝吃手指是正常的现象，他通过吃手指来了解和感知世界。
2. 吃手指能给宝宝带来安全感。
3. 保持宝宝的手部清洁，就不用担心宝宝因为吃手指而生病。

62 2岁后的宝宝为什么喜欢“对着干”？

案例

宝宝进入2岁后，心情和行为有很大的改变。这对有些家长而言是很难去应对的。前一分钟宝宝可能还很黏着你，下一分钟就可能跟你对着干了。这一阶段的宝宝最喜欢说的就是“不”，否定家长给出的一些要求，比如和大人顶嘴，不让干什么偏要去干，让做什么就是不做。

作为家长要怎么陪伴宝宝度过“对着干”阶段呢？

专家解答

宝宝进入2岁后，智力迅速发育，开始有更多的自我意识，开始进入独立和依赖的矛盾期。宝宝渴望能做自己想做的事情，但还没有发展出同情心、同理心，以及控制情绪的能力。这样可能会导致宝宝出现一些不恰当的行为和不可控的感受。在这个时期，家长要做好准备并保持耐心，充分认识到这是正常现象。

宝宝会在语言上提出反对，否定家长给出的一些要求。比如，“我们穿鞋出去玩好不好？”“不好！”家长这样说的时候，带上了“好不好”的沟通问句，无疑是给了宝宝否定、拒绝的机会。家长在提问的时候，不妨换成选择疑问句式：“宝宝，是要多吃点米饭还是青菜呀？”“我们等会儿出去玩，你是要自己穿鞋还是妈妈帮你穿呢？”给宝宝一个选择，让他感觉到做什么是他自己决定的。家长还可以主动犯错，给宝宝说“不”的机会，让宝宝学会说出正确的话语。

如果宝宝和家长“对着干”没有造成什么实质性损失，其实是可以顺其自然的，也可以尝试用新的东西和活动转移其注意力。如果在公众场合宝宝行为脱序，发起脾气来，他可能会撒泼打滚。面对这种情况，家长首先要保持平静。对于正在经历情绪波动的宝宝来说，他们是听不进任何话语的，家长的劝阻通常还会让他们变本加厉。不要马上和宝宝讨论问题，等宝宝冷静下来后再讨论。家长平时需要给宝宝制定出规则，并坚持自己的原则，让他们知道即使大哭大闹也是没用的。

事实上，有些家长无法接受孩子脱离自己的管束。此时家长要学会接受宝宝开始拥有自己的思想，要允许宝宝去做自己的事。如果有些事情宝宝能自己做了，家长就不要去帮忙，比如，吃饭时，哪怕宝宝吃得比较慢，也让宝宝自己去吃，尊重和鼓励宝宝的独立性。

核心提醒

1. 宝宝进入 2 岁后，智力迅速发育，开始有更多的自我意识，“对着干”属于正常现象。

2. 家长要接受宝宝开始拥有自己的思想，允许宝宝去做自己的事。

3. 宝宝“对着干”没造成实质性损失时，可以顺其自然，也可以尝试用新的东西和活动转移其注意力。

63 如何培养宝宝的自信心?

案例

小琪2岁了，但好像总是缺乏自信，我该如何培养她的自信心?

专家解读

0～3岁是孩子自信心建立的第一个关键期，家长需要遵循孩子的心理发展特点，培养孩子的自信心，助其健康成长。

处在0～1岁阶段的宝宝孤独且弱小，需要家长满足其依赖性需求，给足关爱和温暖。宝宝的需求得到满足就会形成信任感，得不到满足则会形成怀疑。如果形成的信任感多于怀疑，宝宝就会产生希望，更容易具备勇敢自信的品质。反之，宝宝会充满担忧，胆小惧怕。

对于0～1岁的宝宝，父母要关注和及时满足其各种生理需求，积极回应他，让他感觉到自己的需求是被理解和被尊重的。父母还要多与宝宝互动，比如亲吻、拥抱宝宝，用充满爱的眼神和温柔的声音与宝宝交流。这些亲密的举动会使宝宝感到十足的安全感，让他知道生长的地方是安全的，他是被爱、被喜欢的。这也会为宝宝的成长打上积极的人生底色。

1～3岁是宝宝自信初步养成的阶段。此阶段的宝宝动作、言语都有了一定的发展，自我意识也开始萌芽。这时他们往往会表现出非常强烈的独立意识和自主愿望，什么都想尝试：自己吃饭、自己脱衣服、自己穿鞋子……任何事情都要自己动手。在这个阶段，家长不仅要给宝宝自己动手的机会，还要尽量鼓励宝宝去做各种各样的选择和尝试。虽然宝宝会经常出现差错、做得慢，但这种“我自己做”的愿望却体现出宝宝旺盛的生命力，寻求自我肯定的需求。哪怕宝宝做得不够好，家长也要及时给予肯定和表扬。

比如，宝宝自己吃饭，一开始可能吃得很慢，有时候还撒得到处都是，但聪明的父母会坚持给宝宝锻炼的机会，并适时夸奖宝宝：“你可以自己用小勺子吃饭了，真棒!”通过吃饭这件简单的事情，宝宝会慢慢习得：原来我的手可以拿起食物放到嘴巴里。宝宝的自信也随之慢慢建立起来了。相反，如果家长批评、指责宝宝：“哎呀，你吃得到处都是，搞得乱七八糟的，我来喂你吧。”这样就剥夺了宝宝尝试的机会，慢慢地，宝宝会觉得自己没有用，就算是能做到的事情宝宝也不愿意尝试了。不仅如此，如果宝宝得到的来自父母的反馈总是否定、不满、指责和批评，那么宝宝也会否定自己，从而缺乏自信。

另外需要注意的是，夸奖、赏识宝宝时不能盲目夸大，最好用具体、合适的语言指出哪方面好。只有这样才能起到激励的作用，增强宝宝的自信。

当然，自信心的建立并不是一朝一夕的事情，家长在养育的过程中要耐心引导，循序渐进，不断地给宝宝创造练习的机会，让宝宝在实践中发现自己很棒，感觉到自己的力量，从而产生自信。

核心提醒

1. 对于 0 ～ 1 岁的宝宝，父母要关注和及时满足宝宝的各种生理需求，帮助宝宝形成信任感，从而产生希望，这样更容易让他具备勇敢自信的品质。

2. 1 ～ 3 岁的宝宝开始有独立自主的需求。需求得到满足，宝宝会获得自主感。父母要多给宝宝探索和实践的机会，并给予具体、恰当的鼓励，让宝宝感知自己的力量，看见自己的能力。

64 如何增强宝宝的独立性？

案例

如果想从小培养宝宝的独立性，该怎么做？

专家解答

1～3岁宝宝的独立能力非常有限，但父母可以有意地培养宝宝的独立意识，减弱宝宝的依赖心理。

承认并尊重宝宝的独立人格。孩子无论多小，都不是大人的附属品。每个孩子都是独立的个体，家长要充分认识到这一点，承认并尊重其独立人格。平时与宝宝进行平等的交谈，让宝宝把自己的想法与感受充分表达出来；在安全和不违反原则的情况下，放手让宝宝做他喜欢的事情。在这些活动过程中，宝宝会逐渐意识到，他也拥有独立的思想和能力，并非事事都必须依赖父母。

放手让宝宝做力所能及的事情。2岁左右，宝宝的独立意识开始发展，大人在叠衣服时要来帮忙、大人在扫地时要抢着帮忙扫、吃饭时想要自己吃、走楼梯时不用大人扶……此时，宝宝的可塑性最强，最容易接受教育，是培养宝宝独立性的最佳时期。宝宝的骨骼和肌肉发展得不够完善，动作不协调，导致他做得还不够好，比如，会把叠好的衣服弄得乱七八糟、把垃圾扫得到处都是、把饭粒撒满桌……但请一定要放手让宝宝试一试。如果此时家长觉得宝宝还太小，什么都做不来，反倒给大人添了许多麻烦而不让他做，渐渐地，宝宝就会形成依赖性，一旦宝宝形成依赖性就很难改正了。

培养宝宝克服困难的精神。家长在放手让宝宝做自己力所能及的事情时，一旦遇到困难，要鼓励宝宝勇于面对，坚持练习，克服困难。有些宝宝一遇到困难就不干了，比如自己穿衣服，怎么也穿不好，不是穿反了就是找不着袖筒在哪里，急得哇哇叫。这个时候家长千万不能心软，或者嫌麻烦、没有耐心地包办代替，一定要鼓励宝宝克服困难，坚持完成任务。

让宝宝自己拿主意。有些家长喜欢听话的宝宝，对于事事有自己主意的宝宝就认为其不听话、顶嘴，殊不知宝宝有主意是件好事，说明他有自己的看法和认识，有独立思考的精神和能力。如果宝宝缺乏自己做决定的机会和权利，事事都听大人的，是很难培养独立分析和解决问题的能力的。

意大利幼儿教育家玛利亚·蒙台梭利曾说："谁若不能独立，就谈不上自由。"自由从来不是物质层面的短暂快乐，而是精神层面的持久心安。因此，培养一个能够独立的孩子，是父母给孩子最珍贵的礼物。

充分的安全感是培养宝宝独立性的前提。当宝宝信任妈妈，确认了家这个安全堡垒之后，才敢大胆去探索新世界，才能发展出独立性。

核心提醒

1. 充分的安全感是培养孩子独立性的前提。
2. 放手让孩子做力所能及的事情有利于培养孩子的独立性。
3. 学会自己选择和拿主意是人格独立的重要表现。

65 你的宝宝属于哪种气质类型，可以改变吗？

案例

一个妈妈带1岁半的孩子来儿童保健门诊体检后，来到心理门诊，妈妈自述：“这是我的第三个孩子，是儿子，前面两个都是女儿。自出生以来，他天天都哭，后来去看儿科，医生没查出大问题，只是建议吃维生素D和补充微量元素锌。我听医生的，按时给他吃，但他还总是爱哭。我自己带孩子，母乳喂养，并定期体检。他现在情绪很大，动不动就扔东西，大哭大闹，平时也不太喜欢玩玩具，破坏性很强。这到底是什么问题呢？”

专家解答

婴幼儿的个性与社会性发展时，父母需要了解其气质类型特征。案例中的孩子气质类型属于“难养型”。这类孩子的特点是生理节律、生活规律性差，难以适应新环境，对新异刺激消极被动，缺乏主动探索周围环境的积极性，负性情绪多，情绪反应强烈。面对此类型的孩子，父母需要调整心态和方法。

难养型孩子从妈妈子宫出来后，不接受新环境，冷热刺激都不适应，通常以哭的方式去表达。父母需要接受他这样的特点。如在他哭时多抱抱他，让他感受新世界的爱与父母体温中的爱是一样的。也可以用言语去跟他交流，如用婴儿言语“喔、啊、伊、呀……”等交流，或轻轻地用手拍拍他的背，给他唱儿歌。还可以用行为去交流，如抓住孩子的手在高处抓物体、抱球、踢球等。当然也可以给孩子听听音乐，如轻声的古典音乐等，让他在母亲的安抚中平静下来。

在陪伴孩子时，父母需要具有特别的热情、耐心、爱心。孩子哭闹时可以练习深呼吸，让自己学会平静地面对孩子的哭闹。父母要告诉自己：我是你的父母，我不能因为你的行为影响到我的心情。我会真心爱你，陪伴你。这是我的法律责任，也是我作为父母的道德责任。是你让我学会了应对你的问题，直到你能和我和平相处为止。

父母可以采取适合其特点的、有针对性的方法，和孩子一起解决问题。0～3岁的难养型孩子通常都会有攻击性或破坏性，如撒泼、打人、砸东西等。当事件发生时，让孩子感受一下被破坏的物体成什么样子了，感受到被攻击的人会有什么反应，并与他进行讨论，直到学会用新的方法解决问题，感受、尝试、讨论的过程是孩子与父母在共同解决问题。

难养型孩子更需要被爱。因此，父母要让爱流动，从自己心底里通过拥抱、抚摸、嬉闹、讲故事、做游戏、体验与分享等方式，让孩子接受到父母的爱，让他觉得世界是温暖的、美好的，这样他才能学会同样地爱父母、爱家人、爱同伴。

核心提醒

1. 心理学将婴幼儿气质分为三种类型：易养型、难养型、迟缓型（混合型）。

2. 人的气质受脑神经发育、父母遗传、环境等因素影响，具有一定的稳定性特征。婴幼儿的气质具有可控性及可变性，与教养有关。

66 我的宝宝为什么不是“天使宝宝”？

● 案例

小宝来到这个世界之前，爸爸妈妈就看了很多可爱宝宝的图片，想到小宝将来也像宣传画报上的宝宝一样，闪着大大的眼睛，可爱得像天使，心里就期待得不得了。终于，这一天到来了，小宝长得倒是可爱，可是却一点也不“天使”。一个晚上要醒好几次，哼哼唧唧要喝奶，弄得妈妈疲惫不堪。

您是不是也曾羡慕过朋友生了一个乖巧的“天使宝宝”，而自己的宝宝却常常闹腾？宝宝之间会有那么大的差异吗？我们可以做点什么？

● 专家解答

宝宝之间确实存在差异。每一个宝宝的性格都是独一无二的，既有先天的因素，也有后天培养的结果。有人说，宝宝性格不好是因为妈妈在怀孕的时候没有好好胎教，导致有些妈妈在宝宝哭闹时不仅焦虑，还非常愧疚、自责。但细心的父母也许会发现，有的妈妈生了双胞胎，双胞胎宝宝受到的胎教是一样的，可是两个宝宝却性格迥异。所以，宝宝之间先天会存在差异，父母不必强求，更不需要焦虑。

首先，要认识到每个宝宝的独特性，懂得接纳自己宝宝的个性，才能发现自己宝宝的可爱之处，才能更好地养育孩子。其次，了解宝宝哭闹的原因。有的宝宝哭闹，有可能是身体不适造成的。有的宝宝是高敏感、高需求宝宝，他们离开子宫来到世上以后会对很多大人不在意的问题十分敏感，比如，生活中的各种声音、与陌生人的接触等。这些东西非常容易让宝宝感到不适。这时他们的“反常”表现是一种需求表达。父母不要强迫宝宝去面对问题，而是需要给予这类宝宝更多的拥抱、抚摸、亲吻等肢体接触，让宝宝及时体会到温暖和安全感。最后，给予宝宝爱与温暖。0～3岁是培养孩子安全感的关键时期，无论宝宝是不是“天使宝宝”，都要给予宝宝足够的温暖与爱。宝宝6个月以前的哭闹基本源于他们的基本需求，需要父母及时反馈与满足。有些宝宝刚出生时可能更敏感一些，父母不要迷信某些专家的建议，对宝宝的哭闹置之不理。实际上，父母对于宝宝的需求反馈得越及时，就越能让宝宝情绪稳定，幸福感增强，他们也将会更有安全感和自信去探索世界。每个宝宝都值得珍惜，都是父母心中的“天使”。

核心提醒

1. 每一个宝宝的性格都是独一无二的，要尊重和接纳宝宝的个体差异。
2. 了解宝宝哭闹的原因，回应宝宝的需求，给予宝宝爱与温暖。

67 面对“慢热型”宝宝该怎么办？

案例

某女宝 3 岁，看到其他小朋友聚集玩耍，不敢加入，会警觉地观察很久，想玩又不敢玩。父母焦急地催促其加入活动，但是效果往往不好。有些宝宝很害羞，除了父母和亲近的养育者，对他人都保持警惕甚至抗拒的表现。对于这种“慢热型”宝宝，新手爸妈该怎么办呢？

专家解答

不同的宝宝气质类型是不一样的。有的宝宝比较活泼好动，有的安静内敛，还有的缓慢拘谨。家长需要给宝宝一些时间，给他足够的鼓励，帮助其适应陌生环境。宝宝通常感觉安全后才会加入活动。气质并没有好坏之分，家长需要接纳和理解宝宝的慢节奏，不能态度强硬甚至强行推入，这样会加重他们的不安全感，从而越发胆小。

其实家长不必过分担忧，只需给予足够的陪伴和鼓励。不能给孩子贴上“胆小”“没礼貌”等标签，尽力为他创造良好的家庭环境与社会环境，比如可以邀请小孩子们来家里玩，增多社交机会，剩下的就是等待宝宝按照自己的节奏，慢慢放开自己，融入小朋友的集体活动中。

核心提醒

增加孩子的社交意愿，家长可以参考以下几点：

1. 不要贴标签，增加对其负面暗示。
2. 家长要平静接纳，不评价，不强迫。
3. 不必追求“友谊的数量”，而要提高“友谊的质量”。
4. 父母要学着做孩子的玩伴，一起玩游戏。

68 如何发展宝宝的艺术感受?

案例

很多家长都希望孩子能够更好地发展艺术感受，想激发其对于艺术的兴趣，那么父母可以如何帮助孩子更好地发展艺术感受呢?

专家解答

在婴幼儿早期的认识活动中，感知觉占据着主导地位。而艺术恰好可以作为很好的媒介，来促进宝宝对外物的感知，从而促进宝宝语言能力、观察力、感知力、思考力、想象力的发展，推动其大脑发育。基于这些心理学知识，家长可以从以下这些方面着手。

创造机会，多带领宝宝参与艺术实践活动，在实践的过程中培养宝宝的兴趣。让宝宝接受艺术教育的熏陶，如参与到演奏乐器、画画、手工制作、跳舞、唱儿歌、音乐会等艺术活动中。一开始宝宝可能会做得一团糟， 但是逐渐找到艺术的感觉后就能够从中体验到乐趣。

带宝宝走进大自然、亲近大自然。俗话说，大自然才是真正的艺术家，大自然也是最好的艺术课堂。宝宝在大自然中往往更容易培养出艺术感。宝宝在大自然中能获得丰富的感官信息刺激。家长只需要安静地陪着宝宝在大自然中体验虫鸣、月光、朝霞、湖水、云朵，体验和感受自然与美学。同时带着好奇心和宝宝一起在大自然中探索丰富的艺术世界。

核心提醒

1. 带着宝宝参加艺术实践活动，在实践的过程中培养其兴趣。

2. 带宝宝走进大自然、亲近大自然。大自然才是真正的艺术家，也是最好的艺术课堂。

3. 带着好奇心和宝宝一起去探索丰富的艺术世界。

69 音乐对宝宝有哪些积极影响？

案例

别人都说可以让宝宝多听音乐，那音乐对宝宝有哪些积极影响呢？

专家解读

音乐是一种美好的艺术，深受成年人的喜爱，能够陶冶情操、愉悦身心，对于宝宝来说也是如此。现代医学发现，即使在生命的最早期，音乐也可以对胎儿产生很多积极的影响，因此，“音乐胎教”已经被大众广泛地接受和应用。而对于0～3岁的婴幼儿，音乐同样有很多积极的功能，我们应该善用音乐，来更好地促进宝宝的发展和成长。

音乐能促进宝宝大脑发育，促进其阅读能力、语言学习能力的提升。0～3岁的婴幼儿大脑的神经系统网络正在高速发展，而音乐能够很好地激发宝宝智力、运动、语言、社交情感和整体读写能力的发展。美国南加州大学大脑与创造力研究所在2016年进行了一项研究，研究发现音乐在幼儿时期可以促进宝宝大脑发育，在阅读能力和语言学习方面的影响尤为突出。音乐能够帮助婴幼儿的身体和大脑一起工作。在儿童早期发育阶段，让宝宝接触音乐，有助于他们学习单词的发音和意义。

音乐活动能够锻炼宝宝的注意力，提升专注力。在生活中，我们能够发现，很多宝宝在听到自己喜欢的音乐时，注意力会更加集中。这个时候，父母可以介入宝宝的玩耍，将其注意力引导至某一方向并适当停留。引导宝宝参加唱歌、舞蹈、弹琴、打击乐器等，当宝宝在专心地倾听音乐、观看舞蹈、摆弄乐器的时候，他们总是在感知着什么、记忆着什么或思考着什么。这就会引起宝宝的心理活动，促使他去探究这音乐、舞蹈在表现什么。伴随着这一系列活动，宝宝的专注力也就自然而然地提升。

音乐能提升音乐智能，促进自我表达，激活学习能力，给宝宝带来快乐。音乐能带给我们快乐、愉快的情绪体验，对于宝宝也是如此。很多宝宝在听到欢快的儿歌旋律时便会自然地跟着音乐舞动。这样既可以提高宝宝对于韵律的感知，也可以帮助宝宝提升自身运动的协调能力，锻炼宝宝的运动技能，同时也让他们练习自我表达。这时候你会逐渐地发现，宝宝的学习能力开始被不断地激活。

核心提醒

1. 音乐能够激发宝宝的智力、运动、语言、社交情感和阅读能力。
2. 音乐能带给宝宝快乐、愉快的情绪体验。

70 如何给宝宝绘画启蒙？

案例

近年来，越来越多的家长开始重视儿童美术教育，将宝宝送去各类少儿美术培训学校。也有不少家长常常咨询，自己的孩子还小， 但已经开始在家里涂涂画画了。那么，作为家长，应该如何给宝宝进行绘画启蒙？

专家解答

尊重宝宝，给宝宝创设宽松自由的绘画环境，给宝宝更多绘画启蒙的自由。婴幼儿即使在没有任何美术基础的情况下，也会开始无意识地涂鸦，这是婴幼儿发展的天性使然。此时，他们常常还不能很好地握笔，但是，只要给一支笔，他们便会开始在纸上、桌子上、墙上乱涂乱画。这时部分家长可能会认为这些都是小孩在“搞破坏”“捣乱”，从而制止或者批评孩子的涂鸦行为。其实这是幼儿绘画意识的启蒙。

宝宝早期下意识地涂刷绘画，可以锻炼其手部肌肉及手指精细动作的发展，为以后线条控制能力的发展打下良好的基础。因此，家长要尽量满足宝宝的绘画需要，为宝宝提供尽可能大的纸张。即使宝宝在墙上或衣服上乱画，也要尽量少干预和阻止，给宝宝更多绘画启蒙的自由。可以为宝宝准备一套水彩笔，既不易折断，又富有色彩，同时可以培养宝宝对色彩的知觉。

聆听宝宝的画面故事，或与宝宝一起对画面内容进行猜测，丰富宝宝的思想情感和体验。要注意的是，在宝宝早期创作的过程中，我们无须过多地关注其创作的物体与真实形象的距离，不要去否定他，而是应该注重其绘画兴趣的激发和内心情感的表达。

多带宝宝亲近大自然，帮助宝宝获取更多的艺术灵感源泉。宝宝天生有着强大的好奇心，对大自然事物的感知能力也很强，因此，家长要多带宝宝出门，接触大自然。大自然的花花草草、形形色色的事物都会吸引宝宝的注意。在游玩的过程中，家长要有意识地培养宝宝对事物的观察能力，多与宝宝交流互动，加深宝宝对自然事物的印象和认识。这些都将成为宝宝日后进行艺术创作的素材来源。

核心提醒

1. 0～3岁是宝宝的“涂鸦期”。创设宽松自由的绘画环境，让宝宝自由绘画。
2. 让宝宝多接触大自然，在大自然中获得更多的艺术灵感。

三、家庭支持篇

71 为什么要重视早期家庭教育?

案例

阿晴常常为2岁的女儿开展亲子阅读、游戏，并为女儿开展一些体能和体格的训练，发展她的精细动作等。阿晴的妈妈却说，教这么小的宝宝有什么用？2岁的宝宝懂什么？长大自然就会了。

专家解答

儿童早期是儿童整体发展的“关键期”。在婴幼儿时期，宝宝的大脑快速发育，发育速度超过人生中的其他任何阶段。其大脑每秒能建立超过100万个新的神经元连接，超过80%的大脑功能在宝宝3岁以前就形成了。

除了大脑发育十分迅速以外，从出生到5岁，宝宝的社会情感及思考能力也在这一时期开始发展。这个阶段将直接影响他们今后学习和掌握知识、形成观点并做出决策以及与他人互动的能力。因此，如果忽视婴幼儿的早期家庭教育，缺乏有效的环境刺激和科学干预，宝宝的大脑结构、功能发育都将受限，其潜能的开发和未来能力的实现将受到制约。澳大利亚幼儿教育学家玛利亚·蒙台梭利说，儿童出生后三年的发展，在程度和重要性上超过其一生的任何阶段。0～3岁是宝宝安全感建立的关键时期，这段时期父母能否为宝宝建立起安全感，决定了他一生与外界的情感链接模式。

家庭教育最好从新生儿开始。从宝宝刚出生开始，家长就可以对他进行早期的家庭教育，帮助其提升智能发育。0～2岁婴幼儿的大脑发育生长非常迅速，此时如果能得到良好的外界刺激，对其脑部结构、功能的发育是非常关键的。因此，重视婴幼儿的早期家庭教育，能抓住关键时期，做到“适时而为”，就能为宝宝的成长做加法。

核心提醒

1．早期家庭教育能为一个人的发展奠基。宝宝的许多重要能力、个性品质在这个时期形成基本特点。

2．0～3岁宝宝与父母能否建立安全的依恋模式，决定了他一生与外界的情感链接模式。

3．家庭教育最好从新生儿开始。营造良好的成长环境，给宝宝足够的信息刺激，给宝宝良好的情感启蒙和智力启蒙。

72 早期教育等于智力开发吗？

案例

豆豆妈在网络上看到一位妈妈的分享：“宝宝20个月，能背唐诗20多首，能自己读很多绘本，会背儿歌，《三字经》能连续背诵50多句。”她联想到自己家的豆豆也是20个月，却只喜欢玩沙、玩水、去户外和小朋友一起玩。她感到很焦虑：家里的早期教育工作是不是太落后了？

早期教育是否等于智力开发呢？除了智力教育，早期教育还有哪些内容？

专家解答

早期教育不等于智力教育。早期教育是以宝宝身心全面发展为目标的教育活动，包含智力的发展教育。0～3岁宝宝的情绪、社会交往、气质个性等非智力因素的发展对他的一生成长也很重要。

只重视智力开发会导致不良后果。很多孩子在智力上茁壮成长的同时，非智力因素却是孱弱、不堪一击的，如情感脆弱、不能独立解决问题等。因此，也才会出现大学生要父母陪读，生活完全不能自理的事情。在当今社会，如果一个人性格孤僻，没有与人合作的能力，且自卑、急躁、固执、难以面对挫折，智商再高也难成大器。

全面发展的早期教育。家长在养育宝宝的过程中，可以通过日常生活中的各种机会，在良好的生活习惯、自我服务中发展宝宝的感知、动作、语言、情绪情感、社会性交往等能力。比如，让宝宝自由地对身边的物体进行敲、打、摔、砸、扔的随意操作；反复开关门、用笔在不同物品上涂涂画画；自己用杯子喝水、洗手、拉拉链等自我服务活动，让宝宝认识到自己多么能干，帮助其建立自信。而宝宝的智力在这个过程中也自然而然地得到了发展。

核心提醒

1. 0～3岁是人格发育的重要阶段，是认知、情绪情感、语言、社会等各方面作为一个整体的发展阶段，任何企图抽离其中一个发展领域的教育都是徒劳且有害的。

2. 家长应在日常生活中，通过多种形式促进宝宝的全面发展。

73 如何预防因心理、社会因素造成的智力落后？

案例

20世纪末，罗马尼亚有大量婴儿因为当时的政策只能在孤儿院里长大。由于缺乏照顾他们的人员，许多婴儿终日被放在床上，缺乏与他人的交流和玩耍。后来的跟踪研究发现，一些孩子的智力受到了不可逆的损害，而另外一些在2岁前就被普通家庭收养了的孩子的智力水平比一直在孤儿院里长大的孩子要高。一个健康漂亮的宝宝出生后，不生大病，并不意味着他的智力发展就正常无忧。我们要清楚认识到后天因素也可能造成孩子的智力落后。那么，我们该如何预防呢？

专家解答

务必保证充足的营养。婴幼儿期的宝宝摄入的营养对他的健康和大脑发育有着深远的影响。例如，在这一时期缺铁的宝宝与营养充足的宝宝相比，可能会表现出更容易哭泣、感情不够丰富、说话能力稍弱等特点。婴幼儿期间的缺铁将对智力发展造成不可逆转的影响。

尽量降低宝宝形成心理创伤的可能性。经常忽视宝宝的正常需要、冷嘲热讽、施以严厉的打骂都可能造成宝宝的心理创伤，从而影响宝宝的智力和人格发展。此外，目睹不合适的场景（如父母的肢体冲突、恐怖电影画面）也同样对宝宝有着不利的影响。

用适当的方式展现出的爱是宝宝健康成长的最大保障。抛开具体的方法，只要我们秉持一颗爱孩子的心和采取不偏离常识的养育方法，一般都不会损害到宝宝的智力发展。

核心提醒

为了预防因心理、社会因素造成的智力落后，我们需要做到：

1. 保证宝宝有充足的营养。
2. 尽量降低宝宝形成心理创伤的可能性。
3. 用适当的方式展现出对宝宝的爱。

74 如何促进宝宝大脑正常发育？

案例

小明3岁了，说话还吐字不清晰，走路也不太稳当，走着走着就会在平地上摔跤，爬起来时比较费力气。妈妈带他去检查时，医生诊断为发育迟缓，表现症状有感统失调、语言障碍、大运动障碍、社会性障碍，建议家长带孩子进行综合治疗。

专家解答

婴幼儿在母体内时其大脑就在发育。妈妈给宝宝的子宫环境直接影响其脑发育。如果妈妈是一个智力正常的人，在怀孕期间注意工作与生活环境、营养、情绪及身体等保持优良状态，并定期做孕期、围产期体检，胎儿就会吸收到需要的营养成分，大脑细胞成倍增加，健康快乐地在妈妈子宫内成长。反之，如果妈妈在孕期体检异常，有可能会伤害胎儿大脑细胞的正常产生，此时需要立即遵照医嘱进行胎儿矫正干预，必要时住院治疗。

如果妈妈在孕期检查一切正常，生产时一定要配合助产士、妇产医生进行安全生产，预防产程中对胎儿的大脑伤害。产后妈妈需要学习科学育儿知识，正确掌握一定的育儿技能，才不会让婴幼儿出现发育迟缓现象。如果宝宝出现大脑发育迟缓现象，需要按时体检，做到早发现、早干预、早治疗、早康复。下面几点做法，可以让宝宝的大脑发育得更好。

保持脑细胞产生的量足够多。婴儿期让宝宝感受到自己是自由的、世界是温暖的，吃饱睡好。给宝宝身体一些触摸性刺激，如吃奶时的诱惑、拉臭臭后的不舒服刺激信号、运动时的刺激信号，慢慢让他建立意识，形成人的高级心理反应形式。

连接脑细胞的树突要健康。多与宝宝进行手指游戏，心灵手巧由此而来。起床、运动、玩耍都可以做到手指刺激。刻意的抓、拿、握练习也是给手指刺激，会促进大脑树突的发育，也是促进宝宝健康成长的活力。

帮助宝宝做认知训练。1个月内的宝宝视觉、听觉都很敏感，此时可以多让宝宝听听美妙的轻音乐，观看晃动的彩色玩具。3个月后，宝宝有了初步的认知，可以多让他接触物体，如家里的家具、玩偶等。6个月后，宝宝就需要与家人、同伴做社会性玩乐，如与父母玩躲猫猫游戏、与同伴抢东西、在社区内与熟悉的人多接触（轮换抱抱）等，以培养宝宝认知的灵活性。

通过游戏增强0～3岁宝宝的记忆力。藏起宝宝熟悉的玩具让他自己寻找；将很多玩具放在一起，让他分类；让宝宝适当接触一些有一点点不安全的物品，如玻璃杯、热水杯、热饭碗等，其实是让他经历生活中的微危险，学习分辨和保护自己。以上这些都有助于增强宝宝的记忆力。另外，和宝宝一起玩色彩游戏、画图画、看美景等也是帮助其记忆发展的好途径。

安静的家庭生活环境是宝宝学会思考的前提。宝宝如果在一个安静的家庭里成长，那么他的大脑神经会充分地、无干扰地正常或超常发育，他也会在探索世界的过程中学会冷静地思考。

社会融合促进宝宝大脑前庭分化。宝宝1～2个月保持头部的直立和转动，2～4个月的翻身，6～9个月的爬行，9～11个月的站立，1周岁的独立行走，2周岁的左右单脚站立，以及3周岁以后更加复杂的运动技能都和前庭功能有着密不可分的联系。运动、身体平衡力、语言、注意力等都与前庭发育有关。当前庭器官不断向大脑传输信息的时候，会不断形成新的神经连接，促进大脑的发育。

总之，在生活中训练宝宝的感觉统合，促进其大运动、精细运动、语言发展；多让宝宝与大自然接触，吸入大量天然氧气；经常锻炼宝宝做小大人，都能提高宝宝智力的发育。

核心提醒

1. 人类的大脑分为三部分：脑核、脑缘系统、大脑皮层。

2. 脑核主要负责处理人类的日常基本生活，包括呼吸、心跳、觉醒、运动、睡眠、平衡等。

3. 脑缘系统主要是脑神经系统，主要负责行动、情绪、记忆、认知、思维等功能，也会负责人的体温、血压、血糖等。

4. 大脑皮层负责人较高级的认知、情绪功能。它分为额叶皮层、顶叶皮层、颞叶皮层和枕叶皮层。

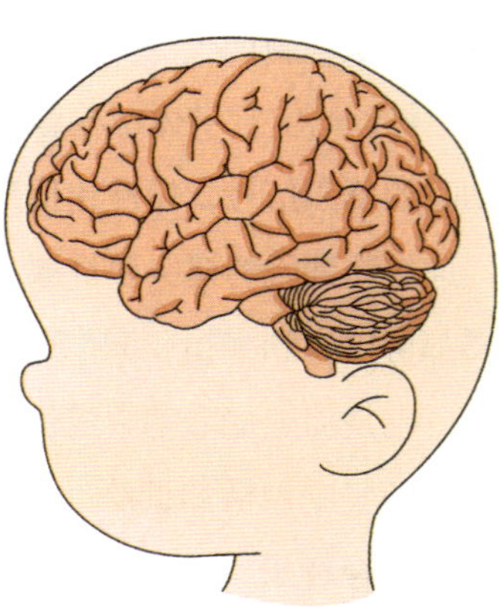

75 母乳喂养的意义是什么?

案例

月华3个月时，由奶奶、爸爸抱去做儿童发育体检，体检医生查看了他的出生情况：男孩子，出生体重3.1千克，身长48厘米，头围34厘米，三大参数都在正常范围内。如今体重3.6千克，身长52厘米，头围35厘米，三大参数都在正常范围以下，应该是产后3个月的养育出现了问题。医生询问宝宝的奶奶和爸爸，他们说宝宝妈妈不喜欢宝宝，不给宝宝好好喂奶，很少抱宝宝，也不让宝宝跟自己睡，宝宝一直自己睡小床。在哭闹时，妈妈也不太搭理，任其哭闹。有时奶奶听不下去，就去哄宝宝，可妈妈不让，只能是爸爸抱着宝宝转转。奶奶偷偷给宝宝喂奶粉时，宝宝也不好好吃，所以生出来后就一直都是吃不饱的状态，发育也就不达标了。[1]

专家解答

妈妈对宝宝的喂养呵护对宝宝的生长发育最为重要。英国精神分析学家唐纳德·温尼科特在《婴儿与母亲》一书中，通过对成千上万婴儿的观察，发现对于婴儿最重要的是母亲与他的亲密、抱持和回应。婴儿与母亲乳头的互动，是婴儿建立安全感的基础。当宝宝开始长乳牙时，精力充沛的宝宝拥有自然的攻击性，会用牙龈在母亲喂奶时伤害母亲的乳头。如果母亲不因此而让宝宝断奶，仍然坚持母乳喂养，就可以让宝宝感觉到安全感与爱，感觉到母亲是他的全部，从而开始保护母亲的乳头。所以宝宝多在没有长牙的时候，而不是长牙后攻击母亲的乳头。非母乳喂养的攻击性互动包括撕咬奶瓶、踢、抓、推等动作，母亲不批评、指责、吼叫，并让其随意发挥，对宝宝来说都是极好的体验。

母乳喂养不仅能增强宝宝的免疫力，还有助于建立起妈妈和宝宝之间的感情联系。母乳是宝宝最理想的天然食物，含有0～6个月生长发育所需的全部营养，最容易消化和吸收，最利于宝宝的生长发育。母乳中含有独特的抗体，可以预防宝宝呼吸道感染、过敏、腹泻等疾病的发生，还可减少儿童期肥胖的发生。

当宝宝在妈妈怀里吃奶时，可以听到妈妈的心跳，因而得到更多的安慰；母乳喂养时，宝宝与妈妈的视线交流，有利于宝宝的情感发育；母乳喂养还能够促进宝宝口腔发育，

---

[1] 3个月正常发育指标：身长55.3 ~ 69厘米，体重4.7 ~ 9.3千克，头围36.5 ~ 45厘米。

预防牙齿咬合不正。妈妈哺乳时的幸福感会传递给宝宝，宝宝躺在妈妈的怀里能听到妈妈的心跳，会更有安全感；母乳的营养及温度更接近其体质，对其消化和身心健康更有益；宝宝在妈妈的怀抱中得到爱抚，对宝宝的心理健康、语言和智力发育、母子情感交流都有着很好的促进作用。

核心提醒

1. 母乳喂养是可以降低儿童早期有害压力的重要途径之一。

2. 有研究证实，纯母乳喂养可以降低产后抑郁的发生，甚至可以让妈妈的精神状态稳定。宝宝有效的吸吮刺激妈妈脑垂体分泌催产素，使妈妈感觉到“奶阵”，感觉爱和放松。

3. 母乳喂养的孩子更“听妈妈的话”，到了青春叛逆期更愿意跟妈妈沟通。

4. 如果条件允许，建议最少坚持12个月的母乳喂养，这是妈妈送给新生宝宝最珍贵的礼物。

76 爱孩子的正确方法有哪些?

案例

一个男孩追溯自己的成长经历：幼儿园的小朋友抢了他的玩具，妈妈知道后很生气，要求他把玩具拿回来。他不敢，妈妈就责怪他太懦弱了。20年后，这个男孩终于说出藏在心里的话："妈妈，我就是一个很懦弱的人，您会因此不爱我吗？"父母都是爱孩子的，但不是每一位父母都会正确地爱孩子。那么，什么才是真正的爱？

专家解答

守护孩子的天性，不要期待孩子成为父母喜欢的样子。每一个孩子都有美好的天性，父母总对孩子有这样或那样的期待，希望他成为自己理想中的样子，却恰恰遗忘了他本身的样子就很美好。因此，不要用自己的标准要求孩子，这是不公平的。爱是深深的理解和接纳。真正的爱是无条件的，是爱孩子这个"人"，而不是爱孩子的"表现""优点"和"特长"等。

树立正确的儿童观，将孩子作为独立个体去尊重。孩子从出生的第一天起就是一个独立的个体。将孩子作为独立的个体去教育、欣赏和尊重，对孩子的发展非常重要。做"民主型"父母，与孩子互动时，允许孩子表达，不随意打断孩子，认真回应孩子，给孩子选择的机会。

根据孩子的发展特点，适时给予孩子不同的爱。了解孩子是爱孩子的前提，要读懂孩子身心发展特点的规律。爱是高质量的陪伴。0～6岁的孩子喜欢模仿、发脾气，父母要保持情绪稳定，言传身教。爱是好习惯的培养。6～12岁是孩子心智成长的关键阶段，父母要温和而坚定，在出现反复、拖拉等问题时及时调整。爱是理解和尊重。12～18岁的孩子有自己的想法和观点，父母应该尊重孩子的个性，并给予一定的自由空间。

核心提醒

1. 不要用成人的评判标准去塑造孩子。

2. 孩子不需要成为父母喜欢的样子，而是要成为自己。

3. 只有将孩子视为独立的生命个体，孩子才能独立思考自己生命的意义，追寻生命的美好。

4. 真正爱孩子的父母，懂得在学习中成长，在成长中学习，给孩子营造更好的成长环境。

77 如何识别与处理产后抑郁?

● 案例

小陈十月怀胎终于生下健康宝宝，全家都沉浸在幸福之中，而小陈却怎么都高兴不起来。原来长期半夜醒来哺乳严重影响小陈的睡眠。她听到孩子哭就烦躁，又为自己对孩子有这样的想法而自责。家人指责小陈不是一个好妈妈："妈妈给孩子喂奶不是天经地义的吗？"没有人理解小陈的痛苦，小陈为此郁郁寡欢。

小陈怎么了？生完宝宝后，你有过类似的体验吗？

● 专家解答

接纳自己的情绪和想法。十月怀胎、一朝分娩是一个自然的生理过程，但是在这个过程中，生理、心理、社会方面的变化，会给产妇带来巨大的压力。在这个过程中，新手妈妈既要恢复身体又要照顾宝宝，确实辛苦。她们可能会有烦躁、力不从心的感觉，产生后悔把孩子生下来等想法。很多新手妈妈都经历过。其实妈妈无须为自己的想法和感受而自责，接纳生育宝宝带来的变化，接纳自己的情绪和想法，对妈妈和宝宝都更有帮助。

寻求家人的支持和帮助。新手妈妈需要更多的帮助和支持，可以向家人或朋友倾诉自己的感受和想法，最大化得到他们的支持。比如，晚上哺乳后由爸爸来给宝宝拍嗝从而保障妈妈的睡眠，白天的家务可以请婆婆等分担一下从而让自己在白天里小憩一下。新手妈妈该怎样表达自己才会得到更多的支持和帮助呢？可以先说事实和感受，再说出自己的请求而得到支持。比如，可以这样说："宝宝晚上醒来 3 次，我每次喂奶要 30 分钟左右，拍嗝则需要 15 分钟左右，睡眠非常差（事实）。我很累、很崩溃（感受）。每次喂奶后，你来帮宝宝拍嗝吧（请求），让我多休息一会儿。"相信通过这样的沟通，很多爸爸都愿意更多地参与进来。

及时就医。有 50% ~ 75% 的女性随着孩子的出生会经历一段产后抑郁状态，主要表现为不能安心休息、情绪不稳定、莫名其妙地哭泣、消极悲观、担心多虑、胆小害怕、烦躁不安、爱发脾气、爱钻牛角尖、容易失眠等。这种状态延续的时间可长可短，大多数可以自行缓解。但是仍有 20% 左右的女性会发展成产后抑郁症。如果妈妈尝试很多方法后仍没有好转，且这种状态持续了2周，建议及时去医院精神心理科进行评估和接受治疗，以免耽误最佳治疗时机。

核心提醒

1. 产后抑郁发生率高达50% ~ 75%，应引起新手妈妈和家庭的重视。

2. 产后抑郁并不是新手妈妈不够坚强的表现，家人应该更多地支持和帮助其渡过难关。

3. 产后抑郁可预防、可治疗。应及时到医院就医。

78 宝妈产后怎么和家人相处？

案例

总听身边一些宝妈说，坐完月子就跟家里老人或者老公结下了“月子仇”，而且这种仇大有一辈子难消的架势，提起来不是一把辛酸泪，就是咬牙切齿。其实，何必呢？这不仅伤心也伤身。聪明的宝妈通过坐月子跟婆婆“建交”，通过共同育儿和丈夫的感情更进一步。

专家解答

不要跟家人做强弱较量，而是要学会“示弱”。有些宝妈其实不够明智，总跟婆婆争高下，觉得上一辈的育儿经验落后或“不科学”，甚至不让婆婆插手育儿事宜。其实，这根本就没有必要。细心的宝妈总会发现上一辈勤劳、节约的优点，发现丈夫有责任、有担当的一面。与其对抗，不如向其求助。这样既能缓解自己带孩子的辛苦，又能联络一家人的感情。

坐月子时小事装糊涂，大事让“权威”说话。宝妈坐月子除了不能操心伤神，还不能总生气。生气影响身体恢复，还容易造成产后抑郁。在产后护理和照护宝宝上与家人有分歧时，宝妈可以请医生或者家里有公信力的“权威”说话，避免和家人起正面冲突。比如，有的宝宝经常有眼屎，老一辈会认为是宝妈吃了热气上火的食物导致宝宝长眼屎的。此时，宝妈可以请医生当着他们的面诊断，间接改变其育儿观念。

合理表达，拒绝冷暴力。有些宝妈经历分娩等一系列变化后短时间内适应不来，不愿意搭理家人，认为没有人理解自己、没有人关心自己，于是就摆脸色给家人看。家人也变得紧张兮兮不知怎么和宝妈相处。宝妈不妨用语言表达出自己的感受和想法，明确提出自己的要求，减少不必要的猜测和误会。家人也才能想办法理解宝妈，关心宝妈。

核心提醒

1. 宝妈学会接纳自己产后的变化并直接请求帮助，切记不可摆脸色。
2. 遇到育儿分歧时，可以请医生等“权威”来支招，避免直接冲突。
3. 善于发现家人的优点，动员家人一起育儿。

79 宝妈如何调节自我情绪？

案例

好友小陈正在坐月子，一天夜里突然接到她长长的语音留言。除了诉苦孩子可爱但不好带之类，更多的是抱怨老公，吐槽婆婆。因为我也是生过娃坐过月子的人，所以从心里特别能理解她现在的这种状态，心甘情愿地当了一次她的“情感垃圾桶”，同时针对她的情况，给了她一些实用的建议。毕竟以后的日子还长，一地鸡毛的日子可能才刚刚开始。

新手妈妈往往在心情不好的时候，容易发脾气、失去理智。等到恢复平静的时候，她可能又会为自己的言行举止悔恨。那月子期间的新手妈妈，如何控制和调整自己的情绪呢？

专家解答

不痛快，要发泄。当新手妈妈觉得心里憋闷、难受时，要多和老公“唠叨唠叨”，和家人、朋友、妈妈群里的宝妈们等聊聊天，以疏解情绪，将心中的不痛快说出去就没那么难受了，千万别自己闷着、憋着不说。

多种方法自我调节。在月子期间，家人虽然都很尽心尽力，但有时对于新手妈妈来说，还是难免有考虑不周、照顾不到的地方。此时，新手妈妈就要学会用合适的方式多进行自我调节，避免坏情绪反复，形成恶性循环。毕竟，爱宝宝的前提是要先爱自己，把自己各方面都调整照顾得很好，才能有好心情和充沛的精力去好好照顾宝宝。一是不要把全部心思都放在宝宝身上，要有自我独立的空间，做一些自己喜欢的事情，比如，听音乐、阅读、运动等。二是不要过于追求完美，学会接纳一些差异和不足。三是社会角色的转换，认识到自己应该是能为宝宝撑起一片天的母亲了，慢慢适应和接纳家人把注意力放在宝宝身上，而不是自己身上。

及时就医缓解、治疗。如果新手妈妈发现自己总是情绪抑郁，怀疑自己患了产后抑郁症，千万不要讳疾忌医，更不要自暴自弃，要及时、主动去寻找医生沟通、治疗。

核心提醒

1. 新手妈妈要学会接纳自己的各种情绪，包括积极情绪和消极情绪。
2. 新手妈妈要学会合理表达情绪。
3. 不良情绪持续半年以上要及时就医。

80 宝妈如何关爱自己?

案例

一个女儿不让妈妈来学校接她，更不让她参加家长会。原来女儿嫌弃妈妈，觉得她不如其他妈妈漂亮。回想起来，这位妈妈自从有了孩子以后就把全部的精力放在培养孩子身上。哪怕她曾经也是校园里的佼佼者，但为了孩子主动放弃了成长。在她的世界里除了家务，就是孩子。而她这样的付出，却丝毫没有换回女儿的爱。为什么本应和她最亲近的人，却变得如此疏离?

专家解答

全身心的爱不一定是孩子需要的。有人说当了妈妈后，在世界上有了孩子，有了家庭，唯独没有了自己。这样全身心的爱，真的是孩子想要的吗？其实，当我们需要以牺牲的方式来维系一段关系时，就已经错了。我们从没想过，那些“委屈自己、成全孩子”的爱，有多少是孩子真正需要的。妈妈多爱自己一点，有助于家庭和谐和孩子成长。

努力成长的妈妈，是孩子最好的榜样。一次访谈中，主持人问董卿为什么创办《朗读者》，她回答：“因为我的孩子。我觉得我应该很努力地让自己变得更好，让他在未来真正懂得的时候，对我有爱有尊敬。他可以从我身上学到一些好的品质。孩子不是我止步不前的理由。我想和他一起成长。”如果你希望孩子热爱生活，那很简单，首先你自己得学会发现生活的美好。丰盈的内心不仅照亮自己，也充盈孩子。

妈妈爱自己，才能更好地爱孩子。心理学家洪兰曾说：“一个连自己都不爱的妈妈，一个身心疲惫的妈妈，一个完全失去自我的妈妈，又能给孩子多少爱呢？”爱自己是爱孩子的前提。拥有一份健康，拥有一份属于自己的成长，拥有一份勇敢坚强地面对一切的平和就是好好爱自己的表现。只有学会爱自己，我们才能化解身上的重担，才能热情地拥抱世界，才能让心里有爱、眼里有光，才能更好地爱孩子。可以尝试以下几个方法来爱自己：一是看见自己，满足自己的欲求，每天抽出一点时间让自己放松，不想孩子、工作和家务，只关注自己，留意自己的呼吸和身体的感觉，通过美食、音乐、阅读、热水澡等方式放松。二是寻求和接受家人、他人的帮助，不要孤军奋战，不要把老公当成“猪队友”，多给他机会参与育儿，多鼓励他。三是和周围的同龄宝妈多交流，有利于倾诉和得到帮助。四是培养自己的兴趣爱好，进行身心充电和自我增值。五是用日记记录自己的心情和需要，紧张焦虑在日记中得到一部分释放和疗愈，才不会在忙碌中迷失掉自我。

核心提醒

1. 只有好好爱自己，才有力量去爱孩子。

2. 爱自己是最大的能量场，也是最好的育儿方式。

3. 爱自己，收回对外界的关注，享受和自己独处的时刻。

81 宝妈的情绪对宝宝的影响，你知道吗？

● 案例

小美是个年轻的宝妈，工作压力非常大，回到家时总是很疲惫。心情本来就已经是又累又烦了，这时候宝宝稍微犯一点错误或者不称她心意，比如，宝宝半夜不睡，哭个不停，她的情绪就会瞬间被点燃，导致有时候对孩子大发脾气。事后她又非常后悔，心里很内疚，觉得自己伤害了宝宝。

● 专家解答

如果宝妈没有处理好自己的情绪，发泄在宝宝身上，对宝宝会有哪些影响呢？

宝妈的情绪模式会在潜移默化中影响宝宝的情绪模式。当一个人遇到外界刺激时，他会自然而然地带出和过去相一致的、相对稳定的情绪、思维和行动，这就是他的情绪模式。对于 0 ～ 3 岁的宝宝来说，他们对外界的探索主要是通过与宝妈的关系实现的。他们会观察、模仿继而内化、习得宝妈的情绪与行为。通过与宝妈的互动，宝宝识别、认识积极情绪和负面情绪，学到如何进行情绪控制。如果宝妈情绪比较稳定，能及时地觉察、接纳自己的负面情绪，能通过合理的渠道表达自己的情绪，那么在耳濡目染中，宝宝通常也更容易发展出恰当的情绪模式。宝宝的情绪会比较稳定，不良行为也会相应减少。如果宝妈情绪焦虑、不安或者失控，不能合理地看待自己的负面情绪，过分压抑自己，当情绪产生时通过指责宝宝、拒绝宝宝、忽视宝宝、伤害自己或宝爸等不恰当的方式表达出来，则宝宝的情绪也并不会很稳定。宝宝难免会有一种强烈的不安全感，通常也更容易发展出不良行为。

宝妈的情绪会影响宝宝的安全感。早期的依恋关系对宝宝来说是获取外界安全认知的重要来源。换句话说，宝宝的安全感基本都来源于他跟母亲在生命早期建立的稳定的依恋关系。无条件地接纳宝宝、保持自己情绪稳定是最好的教育方式，有意无意地拒绝、忽视或敷衍等则会破坏宝宝内心的安全感。

宝妈的情绪会影响宝宝的自我认同和自我价值感。宝宝在成长的过程中难免会有闹腾、探险或犯错的时候，如果宝妈能陪伴宝宝，把犯错当作是学习的好机会，能够接纳、鼓励、欣赏和肯定宝宝，久而久之，宝宝就会喜欢自己，会更有动力去探索更广阔的天地；反之，宝宝可能会犹豫、退缩、不安。工作压力、夫妻关系和婆媳关系等是对宝妈的较大挑战，容易触发其负面情绪，从而伤害宝宝。

核心提醒

1. 宝妈的情绪模式会影响宝宝的安全感和情绪模式。
2. 宝妈的情绪会影响宝宝的自我认同和自我价值感。

82 宝爸如何给宝妈赋能？

案例

小芳是1岁宝宝的妈妈，最近她觉得越来越心累，丈夫忙于工作，与她的交流越来越少。宝宝的养育他也很少参与，养育宝宝似乎成了她一个人的事情。自己辛苦带孩子，却没有得到应有的肯定。而她的丈夫小强心里也知道小芳付出了很多，只是嘴上不说出来，同时也很苦恼如何激励小芳才能让小芳保持宝妈的良好心态。

专家解答

自宝妈怀孕开始到宝宝3岁，长达数年的时间里宝妈都深度参与；从养胎到胎教再到养育宝宝，其中各种艰辛，宝妈是最清楚的。相对而言，宝爸要轻松一些。那么，宝爸如何给宝妈赋能才能使宝妈更有能量、高质量地养育宝宝呢？

内在赋能，激发宝妈的养育动机。内在赋能侧重于挖掘宝妈身上的潜能，使宝妈感觉养育不再是受苦受累的活，而是一件有意义、有成就感的事情。成为妈妈的那一刻，每位宝妈都会有一种心理需要——成为一位好妈妈。她们在潜意识中都渴望成为一位称职的妈妈，不让宝宝跟着自己受罪。宝爸要帮助宝妈看清，使潜意识意识化。比如，可以问宝妈："你想成为什么样的妈妈？""假如新生宝宝会说话，他会期待自己遇到怎样的妈妈？"通过发问，让宝妈去探索，从而在养育过程中与意义联结，找到成就感和价值感。养育宝宝很辛苦，但也可以是累并快乐着的。宝爸要敏锐地发现并调动宝妈的优势，如学识、个性、既往经历等，让她看到自己的长处，从而扬长避短，建立养育的信心。

外在赋能，做宝妈的坚强后盾和温馨港湾。外在赋能侧重于宝爸提供支持，从而使外在的温馨感转化为内在的养育动力。宝爸要充分考虑到0～3岁宝妈的不容易，设身处地地感受宝妈面对的挑战。温暖的支持，包括物理的支持，如共同参与到养育中来，做力所能及的工作（换尿片、调奶等），以及更新家庭教育观念，提升家庭教育力，和宝妈一起阅读家庭教育相关书籍，参与或在线收听家庭教育专家讲座；也包括心理的支持，倾听、理解宝妈，及时、持续地肯定她。

另外，宝爸要和宝妈重温热恋，让爱情保鲜，这样更有利于宝妈情绪良好及家庭和谐。“妈妈”并不是生育后的女性唯一的标签，鼓励她找回怀孕前的生活乐趣、职业志向，给予时间上、空间上、精神上、物质上的支持。

核心提醒

1. 宝爸要帮助宝妈找到养育的意义、幸福感和成就感，建立养育自信。

2. 宝爸要共同参与到养育中来，做力所能及的工作。在心理和情感上支持宝妈，倾听她、理解她，特别是要及时、持续地肯定她。

83 宝爸宝妈如何做好榜样？

案例

桃子是带着父母的祝福来到这个世界上的。她刚出生时，父母也都想做个称职的父母。然而，好景不长，随着桃子的出生，夫妻俩的关系却越来越疏远了，甚至偶尔还会发生争吵。由于工作忙，父母也很少用心思去照顾她，在照料过程中把自己的习性很自然地带进来，对桃子很不耐烦，觉得她在很多方面不如同龄的其他孩子，却很少对她表扬她身上的闪光点。久而久之，父母对桃子越来越不满意，同时，也为自己没做好父母而感到自责内疚。

专家解答

父母是宝宝的第一任老师。要想养育出自己满意的宝宝，自然是离不开宝爸宝妈的言传身教的。那么，宝爸宝妈如何才能做好榜样呢?

保持融洽的夫妻关系。宝宝出生后，夫妻关系悄然发生了变化，普遍不如婚前那么恩爱和亲密了。一些夫妻更是逐渐发生争吵，互相指责和埋怨。城门失火，殃及池鱼。离开稳固的夫妻关系去谈亲子关系，是片面的。家庭治疗认为，夫妻关系是优先于亲子关系的。当夫妻间发生冲突时，为了保持平衡，宝宝会不知不觉卷进来，因而受到伤害，这是宝爸宝妈不想看见的。因此，宝爸宝妈要看到疏于建设夫妻关系的危害，要重视夫妻关系的建设。建设好夫妻关系，亲子关系就更有保障了。

无条件接纳宝宝。无条件接纳宝宝意味着尊重宝宝的身心发展规律，不揠苗助长，不做超出这个年龄段心智的事情，比如过早要求背唐诗、数数，用成人的道德去要求宝宝。无条件接纳意味着要接纳宝宝的独特性，允许他按照他的节奏来，不用成人眼光去要求他 。如宝宝比同龄人晚一点说话或晚一点走路，父母不因此而生气、嫌弃。

提供高质量的陪伴。陪伴讲究的是质量。没有质量，只是单纯待在同一个物理空间，效果是微乎其微的。比如，用手机带娃，家长心不在焉，没有把宝宝的心理需要放在心上，就不是高质量的陪伴。高质量陪伴追求的是对宝宝好奇的态度，是与宝宝一起沉浸其中的状态。如果我们感觉陪伴宝宝的时间过得很漫长，说明我们没有走心在陪伴他。当我们对于陪伴宝宝乐此不疲，全身心参与进去时，就会觉得时间过得很快。

多用正面语言和肢体接触肯定宝宝。在亲子关系中，宝爸宝妈大概都对宝宝说过鼓励的、肯定的或者表扬的话语。但根据惯性，宝爸宝妈更多时候是把宝宝不好的地方充分地说出来，而该肯定的却不多。因此，宝爸宝妈是需要学习成长的。正面的语言，如肯定的、鼓励的话语，以及必要的肢体接触，如抚摸、拥抱、亲吻，就像空气和水，是宝宝健康成长不可或缺的东西。

核心提醒

1. 父母是孩子的第一任老师，是离孩子最近的榜样。
2. 父母要做好言传身教，无条件接纳孩子，高质量陪伴孩子。

84 宝爸宝妈如何自我学习成长?

案例

诺妈自从怀孕后就特别期待孩子的出生，可当孩子出生后，面对宝宝的日夜折腾，她没睡过一个好觉。湿疹、腹泻、吐奶、发烧，每一个都让她措手不及。由于与家人的育儿观念不一致，她经常与公婆产生冲突，而丈夫只忙着在外工作，从不帮忙带孩子。时间久了，她对丈夫也产生了情绪对抗……

专家解答

第一次当家长的新手宝爸宝妈，无论在自我角色的转变还是在育儿方面，都容易遇到困惑。宝爸宝妈应该如何自我学习成长，从而在育儿方面得心应手呢？以下是几点建议。

做一个有自我追求的家长。有些宝妈生完孩子以后，便两耳不闻窗外事，两眼只有孩子的屎尿屁。她们放弃了自我职业的提升，放弃了自己的兴趣爱好，收起了自己的专业书，一心只念育儿经。她们以为放弃自己的追求，一心扑在孩子身上便是给予孩子最好的教育，殊不知，对孩子最好的教育，是妈妈成为最好的那个自己。因此，作为新时代的家长，应该有自我追求，自立自强，有自己的生活情趣、成长方向，将自己的生活过得丰富有趣，健康向上。给予孩子最有效的教育，就是让孩子看到父母是如何去度过他们的人生，以及用什么样的姿态与世界相处。

通过阅读实现自我提升。没有人天生会做父母，为人父母这项技能是需要学习、练习的。况且宝爸宝妈可能还在延续着过去错误的教养方式，它们有些可能是潜意识里自然而然流露出来的，可能与原生家庭有关，可能与自己平日做事风格有关。而这些都会有意无意地影响孩子，所以具备一定的育儿知识理论是非常有必要的。宝爸宝妈可以通过阅读相关的育儿书籍来丰富育儿知识，科学育儿。另外，还有很多书，不仅适用于教养孩子，也适用于大人自我觉察、自我改变。阅读这些书籍有利于宝爸宝妈自我调整。

学会自我反思。当孩子出现问题的时候，作为家长最应该做的不是一味指责、埋怨孩子，而是反思自己：孩子总是爱撒娇，是不是家长平时太娇惯了？孩子爱跟别人抢东西，是不是家长平时也很少做到谦让？孩子总是不好好吃饭，是不是家长做的食物不合他口味呢？孩子这么小就迷恋手机，是不是父母也经常手机、平板不离身？……父母好好学习，孩子才能天天向上。当孩子出现问题的时候，不要忙着指责孩子，静下心来想想自己是不是也有疏忽的地方。找到它，解决它，跟孩子一起勇敢面对，在反思中一步步成长。

核 心 提 醒

1. 对孩子最好的教育，是父母成为最好的自己。

2. 没有人天生会做父母，为人父母这项技能需要学习、练习。

3. 当孩子出现问题的时候，作为家长最应该做的不是一味指责、埋怨孩子，而是反思自己。

85 夫妻关系对孩子有什么影响？

案例

周五放学了，其他孩子都兴奋、激动地想快些回家，小宝却磨磨蹭蹭地躲在走廊尽头不愿意回家。

“校车要开了，老师到处找你呢，你怎么还在这儿？”

“老师，我不想回家。”

“怎么啦？”

“老师，我爸妈要离婚了，他们让我选择跟谁。我谁都不想跟，我恨他们。老师，我可不可以像住校的同学一样留在学校？我不想回家！”

专家解答

家庭就像互相咬合的齿轮，夫妻关系会影响整个家庭的氛围，不要让孩子成为无辜的“受害者”，请让他在有爱的家庭里茁壮成长。

亲密的夫妻关系是父母送给孩子的最好礼物，好的夫妻关系胜过许多教育。夫妻关系会影响孩子的安全感、归属感、情绪控制、人际关系、性格特点，甚至影响孩子未来的婚姻。父母应尽量避免以下几种不良夫妻关系对孩子的影响。

夫妻之间经常争吵和指责，容易让孩子变得以自我为中心，不轻易采纳别人的观点。有些孩子会把父母的争吵归结为自己的问题，从而产生自卑、恐惧等情绪。同时，孩子会模仿父母，在遇到问题时容易采用比较情绪化的非理性解决方式。

夫妻之间的冷暴力，不仅不能解决问题，反而会任由问题蔓延扩大，不利于夫妻和睦。这种情况下，孩子往往感受不到来自父母的温暖和爱意，容易变得自私、冷漠。

夫妻双方关系不对等，一方强势往往意味着权威型的教养方式，孩子也会变得或强势蛮横或退缩懦弱，不利于孩子健全人格的形成。

实际上，夫妻之间的摩擦是不可避免的，积极采取有效的沟通策略才是解决问题的有效途径。父母应该尽量避免在孩子面前争吵，有必要时让孩子知道这不是他的错，爸爸妈妈之间有一些问题需要处理，会尽快处理好的，让他别担心。

核心提醒

1. 夫妻关系的维护就是对亲子关系的呵护。

2. 夫妻既然选择了共同组织家庭，就要选择合作，让孩子获得更好的成长。

3. 伴随着孩子的成长，夫妻双方理性而成熟的沟通模式可以让孩子学会如何与人相处。

86 如何建立合理的育儿期望值？

案例

孙女士是一名优秀的职业女性，有着一份令人羡慕的好工作，但当儿子呱呱坠地时，为了能更好地照顾儿子，她毅然辞掉了工作，将所有的精力都放在儿子身上。她对儿子照顾得无微不至，把培养孩子当成一生的事业。但当孩子2岁时，她发现儿子似乎比周围的孩子更难带，变得特别黏人。妈妈做饭时，他要待在厨房；妈妈打电话时，他要坐在妈妈身边；玩玩具时，也要妈妈陪着；吃饭时还要妈妈喂。她很纳闷，为什么自己投入了那么多精力，养出来的孩子反而变得胆小黏人？

专家解答

你是否也曾希望自己的孩子成为“人中龙”“人中凤”，希望他将来能出人头地高人一等？作为家长，我们应该如何调整自己的育儿期望值，让孩子能根据自身的实际情况健康快乐地成长呢？以下是几点建议。

充分认识到对孩子期望值过高的危害性。家长对孩子的期望值如果超过了社会需要和孩子身心发展的内在规律，就会严重影响孩子的性格、社会适应能力的发展及身心健康。在高期望值的驱使下，家长评价孩子好坏的标准会严重失衡，认为温顺听话、聪明乖巧就是好孩子。在这种心态驱使下，孩子只要聪明听话，要什么给什么，极端娇宠。还有的家长认为玩耍就是浪费时间，从小就把孩子学习的时间安排得满满的：认字、背古诗、学珠心算、学书法等远远超过了孩子的承受能力。这样反而不利于孩子的健康成长。

充分了解自己的孩子，确定适当的期望值。每个孩子都是一个独立的个体，每个孩子都有各自不同的优势和短板，家长只有充分认识自己的孩子，遵循孩子成长的规律和步伐，才不会做拔苗助长的事情。对孩子的期望要实事求是，因势利导；要设身处地地为孩子排忧解难，而不要硬逼孩子；不要无休止地对孩子要求这个那个，不切实际地急于求成。拔苗助长只会事与愿违。当父母无休止地对孩子抱有过高期望时，只会增加孩子的挫败感。时间一长，孩子反而变得自卑退缩，停滞不前甚至自暴自弃。因此，家长在确定对孩子的期望值时，一定要考虑自己孩子的实际水平，决不要和别人的孩子随意攀比。

善于鼓励孩子的进步。要求尽善尽美的父母，通常是期望太多，批评太多。当父母在孩子身上寄予很高的期望，同时又不断地指出孩子的不足之处时，实际上是在使孩子失去勇气，在降低孩子的自信心。这些父母往往忽略了孩子较小的、积极的行为，容易犯苛责和越权的错误，从而漠视孩子的权利。这与孩子的成长是不相匹配的。相反，如果父母时刻注意到孩子的每一点进步，并及时加以鼓励，就会使孩子充满活力，并且产生要多做一点的欲望。这应当引起父母的足够重视。

激发孩子的动机。如果父母要使期望成为现实，就必须让孩子把期望化为自身发展的内在动力。如今的孩子大都生来就享受着众多成人给予的关爱。在这样的生存空间里，孩子不知不觉地养成了一种被动的习惯，习惯于等待外来的指令与安排，真正源于内心的需求与动机则相当缺乏，从而导致其积极性与创造力水平低下。因此，要激发孩子的内在动机，让其主动探索世界。

父母要提升自我价值感。如果父母的自我价值感不足，对未来缺乏信心，就容易对孩子要求过高、期望过高，期望通过孩子来实现自己未曾实现的目标和价值。父母的自我价值感提升了，才不会把自己的目标强加于孩子。

核心提醒

1. 家长对孩子的期望值如果超过了社会需要和孩子身心发展的内在规律，就会严重影响孩子的性格、社会适应能力的发展及身心健康。

2. 家长在确定对孩子的期望值时，一定要考虑自己孩子的实际水平，决不要和别的孩子随意攀比。

3. 如果父母时刻注意到孩子的每一点进步，并及时加以鼓励，就会使孩子充满活力，并且产生要多做一点的欲望。

4. 如果父母要使期望成为现实，就必须让孩子把期望化为自身发展的内在动力。

87 如何预防家长在育儿中的虚荣和攀比？

案例

在小区偶遇朋友和她女儿，我觉得女孩头发长得真好看，就随口赞赏了一句：“头发真漂亮，比我家娃的还漂亮。”谁知我那2岁半的女儿听后就哭了起来，生气地说：“妈妈骗人，妈妈说过我的头发才是最漂亮的。”这才发现原来我随口的一句比较，伤了孩子的心。家长们聚在一块，难免会互相攀比孩子的成长，应该如何避免？

专家解答

家长喜欢攀比孩子的身高、胆量、特长、长大后的学习成绩，其实满足的是家长的虚荣心，受伤的却是孩子。因此，在育儿过程中一定要谨防父母的虚荣心作祟，伤害了孩子。

尊重孩子的成长规律，以平常心对待孩子的成长。每个孩子都是独一无二的个体，尽管年龄相同，但成长也呈现出自身的规律和特点，如爬、站、走、说话等各方面都呈现出个体差异。家长要承认孩子的个体差异，以平常心对待孩子的成长。

多纵向比较，善于发现孩子的优点。每个人都希望得到他人的认可与肯定，孩子也不例外。这也是他们建立自我认知的重要途径。父母在日常生活中要多一些纵向比较，从孩子自身的发展来看孩子的进步，善于发现孩子的优点。

用科学的方法激发孩子的动力。很多家长认为只有比较才有进步，不比较，孩子就会失去动力，其实不然。激发孩子进步的科学方法有很多，比如，给予孩子正向的评价、适当的奖励性鼓励等。

核心提醒

1. 每一个孩子都是独一无二的个体。
2. 以平常心对待孩子的成长。
3. 善于发现孩子的优点。
4. 用科学的方法激发孩子的动力。

88 如何与宝宝进行亲子沟通？

案例

赵女士和丈夫都是90后的新手爸妈。当孩子还是婴儿的时候，他们觉得孩子还小，不会说也不会听，于是很少跟宝宝交流，带孩子的时候经常把孩子放在婴儿床里，让他自己玩；等孩子大一点时，就放在学步车里让他自己走，就算带下去小区散步也是放在推车里。慢慢地，等孩子长到一两岁的时候，他们发现自己的孩子还不怎么会讲话，而且性格也比较孤僻，不喜欢跟其他小朋友一起玩。

你是否也曾困惑，宝宝还不会讲话时应该如何跟他进行亲子沟通呢？

专家解答

用抚摸的方式与宝宝沟通。抚摸宝宝能增进父母和宝宝之间的感情，对宝宝的神经发育也有一定的好处。在抚摸过程中，宝宝能感受到父母的关爱，心里的负面情绪也能得到抚平，进而睡个好觉。好的睡眠有利于宝宝养成良好的性格。因此，父母要经常抽出时间来抚摸宝宝，比如，多抱抱他、亲亲他，多握着宝宝的小手小脚和他玩耍或者做一些抚触运动。注意抚摸宝宝的时候一定要充满爱意，让他感受到父母的爱和关怀。

用对话的方式与宝宝沟通。不要认为婴儿听不懂、不会说就不跟他们讲话。研究表明，宝宝即使不会说话，但是也会听。爸爸妈妈要多跟宝宝讲话，让他感知爸爸妈妈的声音。这样一来，当宝宝烦躁、哭闹时，爸爸妈妈的熟悉的声音能让他变得平静。因此，在照顾宝宝的日子里，父母要抓住各种机会和宝宝说话，比如，宝宝尿布湿了，可以跟宝宝说："宝宝尿湿了，妈妈给你换尿布。"当抱着孩子出去散步时，可以用愉悦的声调将自己的心情和沿路的风景告诉他："妈妈很高兴带你出来走走，今天的天气真好啊，公园里的树好高，也有许多美丽的花。你看！那边有好多大哥哥大姐姐在玩滑滑梯，他们玩得好开心啊！"多跟宝宝说话有助于促进宝宝提早语言交流开始的时间，让他大脑发育更快。

用眼神交流的方式与宝宝沟通。宝宝到了4个月以后就可以看清楚周围的东西了，这个时候宝宝对一切充满了好奇，小头转来转去地四处看。都说"眼睛是心灵的窗口"，眼睛能够表达人的喜、怒、哀、乐。所以父母要充分运用眼神跟宝宝交流，无论什么时候，在与宝宝说话时都要放下手中的活，看着宝宝的眼睛，慢慢地说，让他感受到父母的爱。

用丰富的表情与宝宝沟通。与宝宝交流，表情很重要。随着宝宝视力的发育，他能注意各种表情。当妈妈开心地和宝宝做夸张的表情时，宝宝立马就能注意到，而且宝宝的模仿能力天生就强，妈妈做什么表情，宝宝也会学着做什么表情。在宝宝半岁以前，家长可以用微笑的表情、缓慢的语言和宝宝交流。半岁以后的宝宝开始活泼好动起来，父母应用面部表情来告诉宝宝什么应该做，什么不该做。比如，给宝宝洗屁股，宝宝没有哭闹，这时家长就应该及时表扬宝宝真乖，摸摸头，亲亲脸蛋。宝宝看到家长脸上愉悦的表情，就知道这样做是对的，以后也就会养成好习惯了。当宝宝看到暖瓶，想用手摸的时候，家长就应该用严厉的表情告诉宝宝危险，不能动。

核心提醒

1. 抚摸宝宝能增进父母和宝宝之间的感情，对宝宝的神经发育也有一定的好处。

2. 不要认为婴儿听不懂、不会说就不跟他讲话。研究表明，宝宝即使不会说话，但是也会听。

3. 父母要充分运用眼神跟宝宝交流。

4. 与宝宝交流，表情很重要。

89 隔代教育：既教坏了孩子，又搞砸了婆媳关系？

案例

一位两娃妈妈表示，因工作忙，无暇照顾孩子，不得不需要爷爷奶奶来帮忙。但在解决了带娃问题的同时，麻烦、苦恼、争执也随之而来。两代人在孩子生活、教育等许多方面容易产生冲突。妈妈困惑了：祖辈带娃合不合适？

专家解答

隔代教育这种现象在现代生活中不可避免。老人对待孩子更有爱心和耐心，经验丰富，有足够的时间陪伴孩子，免去了年轻父母的后顾之忧。同时，祖辈的养育可能存在溺爱、放纵、包办代替和过分保护等现象，不利于孩子的健康成长。再者，由于经验、知识、观念、价值等的差异，祖辈和父辈之间产生矛盾也比较常见。如何扬长避短、去弊存利？以下几点可以看看。

父母不缺位，孩子更优秀。有祖辈的帮忙照顾，父母也一定要做好教育的主角。特别是0～3岁生命早期是孩子培养安全感的重要阶段，安全感充足的孩子更有力量去探索世界、解决问题。这一阶段应以父母特别是母亲抚养为主。老人可以作为辅助抚养者存在，以便熟悉和了解孩子的饮食起居习惯。良好的母婴互动满足了婴儿的全能感需求，使他感觉到世界是被自己所控制的。不断更换抚养者，容易给婴儿带来混乱的早期体验。这种混乱体验感，严重时可能损伤婴儿大脑自我调整的功能，使得他表现得过于敏感、易激惹和难以安抚，因此，父母要成为稳定的主要照顾人，与孩子建立好关系，才能让孩子未来更优秀。

祖辈不越位，家庭更和睦。遵循“以父母为主，以老人为辅”的原则，明确隔代教育要协助亲子教育。老人要将教育孩子的决定权和主动权交给年轻父母，让孩子形成明确的家庭等级观念：当祖父母和爸爸妈妈意见不统一时，要听爸爸妈妈的。这样家里才会形成恒定的权威和统一， 否则孩子就会“钻空子”。年轻父母相对来说更能狠下心建立规则，如果祖父母能配合年轻人“立规矩”，忍住冲动，就更容易帮助孩子形成良好的习惯。

合力要到位，携手共成长。隔代教育和亲子教育是教育孩子的两只大手，只有两者配合，共同教养，才能实现共赢。父辈要感恩祖辈的帮助，兼顾对老人的照顾和关心。老人要学会做好“第三方”。比如，年轻父母管教孩子时，祖父母不要插手，否则容易破坏孩子懂规则、守规矩习惯的养成。心疼孩子而没有原则地保护孩子只会搞得一团糟。

核心提醒

1. 父母不缺位，祖辈不越位。
2. 合力到位，共同成长。

90 隔代教育分歧多，要怎么做，老人才愿意听？

案例

小敏说儿子2岁多了，需要学习自立。但婆婆总追着孩子喂饭，也见不得孩子哭，只要孩子一闹，什么都满足他。无论小敏怎么说都不听，婆婆都是按自己的方式来带孩子，说多了又不高兴。为此，小敏觉得很苦恼，不知道如何引导祖辈树立正确的教养理念。祖辈应该怎样正确教育孩子？

专家解答

家长对孩子的教育必须坚持一致性原则，祖辈与年轻父母在教育孩子的问题上出现矛盾是常有的事。以下几点或许能让老人更“听话”。

建立良好关系。“好关系胜过好教育。”要想老人容易接受建议，尊重、理解和感恩要先行，与老人建立良好的关系。老人也需要尊重与关心，因此，平时可以多关注老人的喜好，送点小礼物，在他人面前夸赞他们，肯定他们的付出，听取他们的合理意见等。适当时“高调”表示跟老人统一战线，加强亲密性。

适时借力说法。当自己说话不好使时，可适时借力。如让老公或其他关系好的人跟老人说。但这一招用多了，更容易伤害关系，让人厌烦，因此不宜多用。可用“先跟后带”的技巧，不否认指责老人，先肯定老人的付出与努力，再平和提出建议供老人选择。搭建学习平台，让老人多与有良好育儿理念的人相处，学习借鉴别人的好经验、好方法。适当介绍一些家教书刊给老人阅读，让其学习掌握现代家庭教育方面的知识。

立场温和而坚定。假如老人忍不住去满足孩子无理的要求时，不能因为怕伤害感情而放任，可婉转提醒，对待老人及孩子的不“遵守”规定，都要以“温和而坚定”的态度表达自己的立场，争取老人的理解与支持。如当看到老人又要喂孩子吃饭时，可以这样表达：“婆婆，你辛苦了！试试让孩子自己吃吧。”

核心提醒

1. “要三心”：对老人的帮忙要有感恩的心，对老人的做法要用平常心，对老人的需求要多关心。

2. “二意”：跟老人说话要有诚意，向老人多表示心意。

91 如何为宝宝营造良好的家庭环境?

● 案例

自从妞妞出生后，全家人的生活都发生了改变。爸爸妈妈工作忙，奶奶主动请缨来照顾一家三口，是件皆大欢喜的好事。不过，妈妈不赞同奶奶溺爱孩子的做法，又不好意思说；爸爸由于工作压力焦头烂额，也不想参与沟通。有一次妞妞去外婆家住了几天，回来后肚子不舒服，奶奶说一定是在外婆家吃坏了。妞妞妈妈听了觉得委屈，但仍旧什么都没说，晚上在房间抹眼泪。妞妞见妈妈哭，不知道发生了什么，哄妈妈不管用，自己也着急得哭了起来。

● 专家解答

宝宝的成长受到家庭环境的影响，正如家庭受到社会环境的影响一样。我们对待宝宝的方式对宝宝的成长发挥着巨大的作用，那么，该如何为宝宝营造良好的家庭环境?

使用“提要求与民主相结合”的教养方式。杰出心理学家戴安娜·鲍姆林德及其理论的继承者通过大量研究后将家庭教育方式分为四类，分别是权威型、专断型、放纵型和忽视型。其中，权威型教养方式在目前被证明是最成功的教育方式。具体来说，权威型教养方式提倡接纳宝宝的存在、参与宝宝的生活、通过期望/规则/监督对宝宝的行为进行适当的控制，以及根据年龄授予适当的自主权。鲍姆林德提倡的教养方式对我们的家庭教育带来了诸多重要的启示，宝爸宝妈可上网搜索“鲍姆林德教养方式”了解详细信息。

多沟通与关怀，建立和谐的家庭关系。宝宝的到来会对整个家庭产生深刻的影响，需要多位养育者（例如爸爸和妈妈）共同调整心态和生活方式，维护和谐的关系。这对宝宝的健康成长大有帮助。举例来说，宝宝降生后，爸爸妈妈常常没日没夜地照顾宝宝，更加关注家庭的经济状况，留给夫妻增进彼此感情的时间也变少了。而且，如果是妈妈一直在承担育儿的主要工作，那当第二个宝宝出生后，由于妈妈需要时间来进行产后恢复，爸爸可能就会突然感到自己要花很多时间在照顾第一个宝宝上面。此外，当爷爷奶奶和外公外婆也加入照顾宝宝的行列中时，大家的观念也常常不同。在以上这些情况下，矛盾很容易发生，进而损害夫妻关系和婆媳关系，让大家不能齐心协力地养育宝宝，从而损害宝宝的幸福。长期生活在充满冲突的家庭环境中的宝宝，更容易遇到与情绪调节有关的问题，变得容易责备自己或者更有攻击性等。因此，宝宝身边的所有家长都应该知道：随着宝宝的到来，家长之间比以往更需要沟通与相互照顾。这样的互相关爱不仅能创造出有利于宝宝成长的家庭环境，还能让整个家庭变得更加幸福。

核 心 提 醒

1. 为创造良好的家庭环境，家长应对宝宝使用“提要求与民主相结合”的教养方式。

2. 邀请全体家庭成员通过沟通与关怀，维护和谐的关系。

92 家有多孩，如何平衡爱？

● 案例

“我家两个孩子，姐姐弟弟常常打架，争风吃醋，这可怎么办？”

● 专家解答

多孩家庭如何平衡爱，处理好孩子们之间的关系？把握好如下几个原则，可以避免许多烦恼。

提前准备原则。在准备生小宝时，应该提前和大宝探讨有了弟弟妹妹的意义，邀请其为弟弟妹妹取名字。同时，父母提前准备好送给老大老二的礼物，让他们意识到，弟弟妹妹的到来是美好的。

大孩优先原则。大宝可能担心有了弟弟或妹妹后会失去父母的爱。这种情绪可以理解。小宝出生后，别忽略大宝的失落，每天抽出固定的时间单独陪伴大宝。让大宝参与照顾小宝，并时不时地夸赞他。这样，大宝会更有责任感，形成良性循环。

平等对待原则。父母要多关注孩子冲突背后的心理需求，对孩子平等地表达爱。当孩子之间出现矛盾，切忌偏心小的，一味要求“大让小”。家长不过多去插手，在保证安全的前提下，让他们去解决。如果孩子吵架、打架，可以一起惩罚。另外，“你看看哥哥多乖”“弟弟多听话”这样的话语容易导致孩子间的矛盾，尽量少说。家长要善于发现每个孩子的闪光点，允许孩子的差异。

相互合作原则。父母要不断创造孩子互动的机会。孩子在相互学习与分享、合作与竞争中，能建立深厚的亲情。如偶尔让大宝帮小宝倒一杯水，让小宝帮大宝挑一件礼物，让他们都互相依赖。

核 心 提 醒

1．家长要做好大宝和小宝之间的情感粘合。
2．避免让孩子之间过度比较。
3．不要一味要求“大让小”。

93 频繁更换抚养人对宝宝有什么危害？

● 案例

我女儿 14 个月了，因为某些原因，主要抚养她的人频繁更换。这段时间，我发现孩子比较敏感，有时尖叫，还扔玩具。

听说频繁更换抚养人对宝宝有危害，真的吗？那我该怎么办呢？

专家解答

心理学家认为，3岁前是儿童心理安全感形成的最关键时期。父母是孩子法律意义上的监护人，无论从遗传学、“后天影响论”的角度，还是《中华人民共和国家庭教育促进法》的指引，父母都是养育孩子的最佳人选。和大人一样，因为信任，宝宝才会有安全感。宝宝和大人一样，对一个人建立信任需要较长的一段时间，频繁更换抚养人会影响宝宝的安全感。

频繁更换抚养人，宝宝的固定习惯可能会被打断。因为不同的抚养人照顾宝宝的方式方法或习惯不同，不同的人对宝宝的情况、习惯也了解得没那么清楚。加上面对不同的人来照顾，宝宝也会有不同的反应，这样不利于宝宝形成固定的好习惯。

3岁之前，宝宝处于语言发展的重要时期，此时频繁更换抚养人，由于抚养人的说话方式不一样，会对宝宝的语言发展造成影响。同时，不同的抚养人，有的可能比较善于与宝宝交流，有的可能比较沉默，不同人的交流方式也可能会影响宝宝说话的进度。

如果实在没办法，确须频繁更换抚养人，那尽量让宝宝的生活环境稳定，最好别同时频繁更换宝宝的生活环境。适应一个环境需要一段时间，如果更换太频繁，宝宝适应新抚养人和新环境都需要时间，是双重挑战。另外，尽量统一不同抚养人对宝宝的教养，约定一些条件，达成共识，让宝宝形成规律的作息。

核心提醒

1. 自己的孩子尽量自己带。
2. 尽量让孩子的生活环境安定。
3. 尽量统一对孩子的教育方式。
4. 确须更换，尽量给孩子和新换主要抚养人相处熟悉的时间。

94 家长陪伴孩子有哪些方法?

案例

我的孩子1岁了，每次看到我回家，就马上冲上来说要抱抱，每次我一离开就哭得稀里哗啦的。都说陪伴是最长情的告白，我也想好好陪伴孩子，可是我工作太忙，经常要加班，怎么办呢?

专家解答

其实，父母忙于工作和全然陪伴不一定是对立的，有时候，鱼和熊掌是可以兼得的。高效的陪伴和时间长短没有关系，关键是要全然地陪伴。也就是说，当你和孩子在一起的时候，没有手机、iPad、电视，只有你和孩子，你们的注意力都在彼此的身上。

“爱我你就陪陪我，爱我你就亲亲我，爱我你就夸夸我，爱我你就抱抱我”，是家喻户晓的儿歌《爱我你就抱抱我》的歌词，也是孩子渴望家长陪伴、渴望家长身体接触的需求的表达。每天上班之前、下班回到家、孩子起床和入睡前，都可以抱抱他、亲亲他、拉拉他的手。还可以和孩子一起做身体接触的互动游戏，比如骑马马、飞机抱等。当孩子有不良情绪的时候，更需要多抱抱。

父母在陪伴孩子的时候，要学会积极倾听，同时引导孩子表达和提问。当孩子在说话的时候，父母尽量做到注意力集中，停止无关的动作，关注他的眼神、表情，身体可略前倾朝向孩子，不时点头或者以“嗯”“是吗”“然后呢”等话语回应孩子。对孩子做出的成绩、说出的话表示肯定，让孩子感受到自己的点滴成长与进步被父母看在了眼里。

对于0～1岁的孩子，父母可以做他的“大玩具”，和他一起玩被动操、碰鼻子、点手指、躲猫猫等游戏，主动逗乐他。玩乐时别忘了和孩子说说话、聊聊天。对于大一些的孩子，可以和他一起搭积木、玩磁力片、画画、过家家、拍球、推车、玩贴纸书等，还可以一起做简单的家务，比如擦桌子、扫地、摆放玩具等。当父母拥有童心和游戏力的时候，简单家务活动也可以成为很好的亲子游戏。

0～3岁是孩子阅读的“扎根”时期。0～6个月时，可以和他一起做黑白卡练习，给孩子读绘本，让孩子熟悉父母的声音。除了声音、语调、表情、动作，孩子也会感受到快乐的情绪。6个月之后，可以让孩子一起摸书、翻书、看书、读书。慢慢地，孩子看到图画就会指指点点，还能理解一些故事情节了。和0～3岁的孩子进行亲子阅读时，不能过于要求他安安静静地坐着。父母可以跟孩子互动起来，说一说、做一做、玩一玩，让孩子感受到读书是一件快乐、幸福的事情。正如育儿畅销书作者、“大J小D”创始人大J所言，所谓“亲子阅读”，“亲子”比“阅读”更重要。这是父母和孩子之间的一段高质量时光，在这段时光里，没有电子产品和其他外界的干扰，只有书籍和陪伴，双方只需要好好享受这个过程就好。

核心提醒

1. 陪伴是最长情的告白，关键在于高质量的陪伴。
2. 陪伴孩子的时候要学会积极地倾听。
3. 全然陪伴0～3岁孩子一起玩游戏、进行亲子阅读是一件幸福的事情。

95 如何给宝宝提供合适的玩具？

案例

朋友的孩子2岁了，一去商场，就会被琳琅满目的玩具吸引，然后就缠着要买。现在的玩具琳琅满目，如何给宝宝提供合适的玩具呢？

专家解答

鲁迅先生说：“玩具是儿童的天使。”在宝宝成长过程中，玩具不可或缺。玩具不仅可以满足宝宝好玩的天性，还是培养宝宝良好智能和健康心理的重要工具。如何挑选合适的玩具呢？

安全是首要条件。0～3岁的宝宝喜欢用手和嘴巴感知世界、探索世界，喜欢把东西往嘴巴里放，因此，安全是挑选玩具的首要条件。在给宝宝挑选玩具的时候，一定要留意玩具的材质是否安全无毒，是否没有异味，还要注意玩具的外表是否有尖锐或者带刺的地方。不要选择小而硬或有容易脱落部件的玩具，否则宝宝容易误吞下去。不要在玩具上绑绳子，否则绳子钩住了容易引起窒息。如果是声光电类的玩具，家长有必要检查声音是否刺耳、光线是否柔和、电池部位宝宝是否能拆卸等。

合适是关键因素。合适的玩具不仅有娱乐功能，还可以很好地开发孩子的智力，刺激孩子的听觉、视觉、触觉的发展。0～2岁的孩子处于感知运动阶段，依靠感知动作适应外部世界，此时可以给他选择能发出声响、颜色鲜艳、容易操作的玩具，比如，拨浪鼓、摇铃牙胶、手拍鼓、布质书、洞洞书、大颗粒乐高、可以推着走的小火车等。2～3岁的宝宝对自己的身体已经有一定的控制能力，而且具体形象思维开始发展，可以给他选择磁力片、积木、拼图、滑板车、扭扭车、带辅助轮的自行车、篮球等玩具。

不同的玩具有不同功能。我国著名教育家陈鹤琴曾说过：“益智玩具在幼儿教育中占着非常重要的地位，正如中、小学的教科书一样不可缺少。”不同的玩具有不同的功能。精细类及操作类玩具，如积木、拼图、火车等，有助于锻炼宝宝的精细动作、认知能力及动手能力；艺术类玩具，如黏土和着色，可以提升宝宝对色彩的认知以及想象力的培养；大运动类玩具，如大型玩具车、三轮车、推拉挖铲类玩具，顾名思义可以促进宝宝的大运动发育。

不用钱的玩具也别有乐趣。玩具不只是市场上能买到的，也可以是自然物品：一块纱布、一根树枝、一块石头、一片树叶，或者用过的雪糕棍、酸奶盒、安全的快递盒……只要引导恰当，宝宝也可以玩很久，乐在其中。

核心提醒

1. 挑选玩具，安全是首要因素。
2. 适合宝宝年龄阶段的才是好玩具。
3. 不同的玩具有不同的功效，关键是怎么玩。
4. 不用钱的玩具也别有乐趣。

96 玩耍对宝宝的成长有什么重要意义？

案例

澄澄玩耍的花样特别多，有时摔伤膝盖，有时把玩具拆坏，让大人很烦恼。澄澄妈妈说："有时候真想让他自己看电视或者丢个手机给他，但我知道那样对孩子的成长不利。"

我们都知道应该让宝宝进行形式多样的玩耍活动，即使有时看护和收拾残局的生活让我们叫苦不迭。那么具体来说，玩耍对宝宝成长有怎样重大的意义呢？

专家解答

玩耍对宝宝成长的意义可以概括为以下几点。

玩耍能够提高宝宝的体能和运动技能。宝宝在玩需要动起来的游戏时，可以增强肌肉力量，让身体更加强壮。玩耍会让宝宝更好地掌握运动技能。例如，需要移动的游戏会让宝宝的爬行和走路能力更加出色，需要把玩具放进盒子里的游戏会锻炼宝宝做精细动作的能力。像这样，宝宝在学习如何调整自己身体的平衡去拿远处的玩具，如何抓牢不同形状的玩具和把它们组合在一起的同时，也为以后学习自己吃饭穿衣打下了坚实的基础。

玩耍能促进宝宝的智力发展。宝宝能在玩耍中增长见识，变得更有好奇心与表现力。例如，他在叠木块时会实施许多有创意的实验，往左叠一点，往右叠一点，立起来叠几个，探索怎样才能叠得更高。这样的玩耍为他培养对于科学的兴趣和学习科学知识起到了重要的作用。

玩耍能让宝宝体验各种情绪，并学习与人相处。我们有时会发现，不只是大人，宝宝在叠好积木后也会露出笑容。日常玩耍中的成功与失败，以及途中的挫折，都让宝宝有机会体验丰富的情绪。和父母、伙伴一起玩耍还能培养宝宝与他人交往的能力，让情感纽带更加牢固。

核 心 提 醒

1. 玩耍具有提高宝宝运动能力，促进智力和人际交往能力发展等好处。
2. 务必让宝宝有充足的时间进行丰富多彩的玩耍活动。

97 如何与宝宝一起玩游戏？

● 案例

我家宝宝1岁多了，我也很喜欢和宝宝一起玩游戏，只是有时候宝宝喜欢玩一个玩具能喜欢很久，我害怕他玩厌了，想给他换个玩具或换个游戏时，他却哭了。我该怎么与宝宝一起玩游戏？

● 专家解答

宝宝是一点点长大的。主动陪伴宝宝一起玩游戏，是建立亲子联结的好时机，也是让父母重新体验一次童年美好时光的好机会。如何让与宝宝一起玩游戏的时光滋养彼此？

投入地游戏，全然地陪伴。不管是有组织的游戏，如拼图、搭建乐高作品等，还是灵机一动的随机小游戏，如回到家一见面的“猜猜我是谁”“躲猫猫”“剪刀石头布”等，和宝宝在一起游戏的时候，父母一定要投入地游戏。没有手机，没有工作，只有宝宝和游戏，让宝宝感受到，大家一起在游戏，父母也是乐在其中的。亲子游戏的目的之一是建立联结，有投入才能真正感受到联结的建立。

宝宝是游戏的主角，要跟随宝宝。在游戏的过程中，宝宝才是游戏的主角。想怎么玩、谁来扮演“爸爸/妈妈”或“宝宝”、涂色作品想涂成什么样、骑车想骑去哪个小区/公园的哪个区域，在安全的前提下，可以多让宝宝自主决定。这样更能充分发挥宝宝的主动性和想象力，让他感受到父母的爱与尊重。

在游戏中看到宝宝并积极回应。游戏中，父母要仔细观察宝宝是玩得得心应手、轻松愉悦，还是遇到困难、有些沮丧，抑或是有所进步、欣喜不已。此外，在和宝宝互动时，更多去描述他的行动或者复述其话语，表达自己的感受。比如，“宝宝，你在玩积木呀。”“你现在玩扭扭车可熟练啦。”“你也玩过音乐座椅游戏，和谁玩过啊？”这样的互动既能让宝宝更加清晰自己动作的意义，还能让他意识到自己正在被父母关注。尽量避免指令性或指责性的语言，比如，“宝宝，这个拼图应该放在这里！”“这样玩，不对！”“玩的时候坐好一些！”

核心提醒

1. 陪伴宝宝游戏是美好的亲子互动，值得用心用情投入。

2. 宝宝是游戏的主角，要跟随宝宝的节奏，尊重宝宝的发展规律。

3. 游戏有规则、有输赢，但更重要的是看到宝宝的玩耍表现与情绪，积极回应。

98 如何开展婴幼儿的性教育?

● 案例

2岁半的儿子最近很喜欢摸“小鸡鸡”,要是硬把他的手拿出来不许他摸,他还闹脾气。真不知道应该怎么帮助他改掉这个坏习惯。他还经常会问,为什么妈妈没有“小鸡鸡”?为什么他的“奶奶”(乳房)没有妈妈的大等问题。面对他的性好奇,我真的不知道应该如何回答。

● 专家解答

尊重孩子的性发展规律。性的发展是生命成长中的重要部分,要遵循其自身的规律。3岁前孩子性活动的特征表现为“以自我为中心”,注意力集中在自身的动作和体验中,呈现出“自体享乐”的状态。如男孩摸“小鸡鸡”,女孩夹腿,用身体或物品摩擦生殖器等都是婴幼儿的性活动,它们并不是孩子的坏习惯,父母要了解并理解孩子这一时期的性发展规律。

掌握婴幼儿性教育的内容。3岁前婴幼儿的性教育主要是性别认知和隐私观念。家长首先要教会孩子认识性别,了解男生女生身体上的区别并接受自己的性别特征;其次是培养孩子的隐私安全观念,让其懂得保护自己的隐私部位,如懂得上厕所、洗澡等要在指定安全的场所,不能随便让别人观看、触摸自己的隐私部位等。

智慧开展婴幼儿性教育。家长首先可以通过图片、绘本等,让孩子认识身体,了解男生、女生的区别,学会保护隐私部位等;其次正向积极回应孩子的性好奇和性疑问,不采用侮辱、打骂等粗暴方式应对。

核心提醒

1. 性教育越早越好。
2. 尊重性发展规律,科学认识孩子的性活动。
3. 帮助孩子形成性别认知和隐私观念。
4. 正向积极回应孩子的性疑问,切勿采用粗暴方式。

99 如何做好居家安全和预防意外伤害?

案例

11个月大的儿子现在已经能够扶住物品站立起来。前两天，我在厨房洗菜，想不到他竟把茶几上的水壶打翻，幸好水不烫，不然后果不敢想象。在家带娃，如何做好家居安全防护，才能够让孩子远离意外伤害?

专家解答

切不可留孩子独自一人在家里。家长要做好看护工作，特别提醒不可将6周岁以下的孩子独自留在家里。

防范玩具安全隐患。玩具是儿童居家最亲密的伙伴之一，因此，防范玩具安全隐患极为重要。首先，购买玩具要注意其安全性，谨防劣质有毒、超过孩子玩要年龄等的危险玩具。其次，孩子在玩玩具时家长要在旁看护和指导，谨防孩子操作不当或将玩具上掉落的小零件放入口中造成危险事故。最后，玩完玩具后要收纳好并定时消毒、清洗。

防范家居环境安全隐患。给孩子提供一个安全的家居环境可从以下几点入手：一是避免触电，可将电源插座用盖子遮起来。二是避免砸伤，可购买专门的固定工具将家具或物品进行固定。三是避免割伤，收好刀具并购买专门的软套将家具的尖角、台阶等硬边包装起来。四是避免跌伤，避免让孩子站在高处，给窗户、阳台装上防护栏等。五是避免烧、烫伤，远离火种并将热水壶等物品放在孩子够不着的地方。六是避免溺水，家中不要有积水的地方，或要想办法将积水的地方盖起来，不让孩子靠近。

核心提醒

1. 切不可留6周岁以下的孩子独自一人在家里。
2. 选择安全的玩具，玩要过程要安全，消毒要勤快。
3. 给孩子提供安全的家居环境。

100 宝宝的入园准备知多少?

案例

儿子今年9月就要上幼儿园了，不知道应该怎样做才能帮助他更好地顺利适应，好担心他是否能够适应幼儿园的集体生活，能否适应新的环境。

专家解答

宝宝入园意味着宝宝开启了人生的一个新阶段。他开始从家庭走入集体生活，是成长中可喜可贺的大事情。家长做好以下准备，可帮助宝宝降低不适，尽快适应入园生活。

心理准备。家长需要提前为宝宝做好入园的心理建设，缓解其分离焦虑。家长可以带宝宝到幼儿园附近玩玩，观看幼儿园小朋友做操、游戏、上课，也可以通过绘本、游戏等方式向宝宝介绍幼儿园里的有趣生活，让宝宝感觉到幼儿园是一个美好的地方，让他觉得自己能够上幼儿园是非常自豪、快乐的事情。

生活准备。幼儿园生活与家庭生活不同。因此，在入园前，父母要帮助宝宝将作息习惯调整到与幼儿园一致，培养其吃饭、小便、喝水、洗手、穿衣、穿鞋等各项生活自理能力，以便宝宝能够更快适应幼儿园的生活。

物品准备。与宝宝一同准备上幼儿园所需要的水壶、衣服（提前购买姓名贴熨好）、鞋子、书包（一般幼儿园会统一购买）、玩具（一般幼儿园有一天可带自己的玩具去玩和分享），并在这个准备的过程中不断地给宝宝传递幼儿园生活的美好。

核心提醒

1. 提早为宝宝做入园准备。

2. 为宝宝做好入园的心理建设。

3. 调整宝宝的作息习惯，培养自理能力。

参考文献

1. 徐小妮编著：《0～3岁儿童早期教育概论》，复旦大学出版社2021年版。

2. 姜晓燕、郭咏梅主编：《学前儿童语言教育（第三版）》，高等教育出版社2019年版。

3. 陈君辉、蔡建华主编，广东省科学育儿指导书项目组编著：《科学育儿指导（1～3岁篇）》，北京出版社2014年版。

4. 王玉主编：《孕妇及0～2岁婴儿家长读本（儿童友好家园家庭教育系列读本）》，国务院妇女儿童工作委员会办公室、联合国儿童基金会2011年版。

后　记

后　记

一千个读者，就有一千个哈姆雷特。同样，一千个家长，可能有一千个家教困惑。孩子 0 ～ 3 岁阶段是家长最关注、最多困惑的阶段。从来没有像今天这样，有那么多家庭教育的信息、看不完的家庭教育微信文章、刷不完的家庭教育视频和琳琅满目的家庭教育图书。尽管有如此丰富的家庭教育信息，也从来没有像今天的家长一样，在育儿道路上如此迷惑和困惑，无所适从。于是，中山市妇联萌生了一个念头：能不能为中山的家长编写一本读本，系统、科学地解决 0 ～ 3 岁儿童家长的诸多困惑？中山市家庭教育讲师团骨干成员在中山市家庭教育指导服务中心的组织下，共同努力，编写了这本《家长这样教　宝宝更健康——0 ～ 3 岁早期家庭教育100 问》。

此读本也许不是最有吸引力、最科学前沿的，但一定是比较接地气，比较符合家长需要的。此读本还特别有幸邀请到中共广东省委宣传部原副部长顾作义作序。他根植浸润家教家风工作很长时间，经过细读细品，为本书提出了不少宝贵意见。同时，特别邀请了华南师范大学心理学院刘学兰教授，华南师范大学教育科学学院学前教育专家郑福明副教授，中山市博爱医院院长、早期养育专家高建慧三位名家作为本书顾问。他们都是广东省心理学界和早期家庭教育、早期养育的专家，为本书提供了专业的指导把关。本书编委大多数是多年从事儿童发展研究的，多数已为人父母，本书汇聚了儿童发展专业知识和真实的养育经验,倾注了他们对孩子的爱。在编写本书的过程中，还得到了中山市家庭教育工作者协会的大力支持。在此，中山市妇联感谢全体专家顾问以及编委成员的辛勤付出和奉献，感谢中山市家庭教育工作者协会的支持，愿本书能为广大的新手父母、婴幼儿照护者提供专业的实操性指导和有力的支持。